A Herança Psíquica na Clínica Psicanalítica

Maria Cecília Pereira da Silva

A Herança Psíquica na Clínica Psicanalítica

Casa do Psicólogo®
uma empresa PEARSON

FAPESP

1ª Edição
2003

1ª Reimpressão
2013

Editor
Ingo Bernd Güntert

Editoração Eletrônica
Renata Vieira Nunes

Capa
Moema Cavalcanti

Revisão Gráfica
Silvia Fernanda Bovino

Dados Internacionais de Catalogação na Publicação (CIP)
Angélica Ilacqua CRB-8/7057

Silva, Maria Cecília Pereira da
A herança psíquica na clínica psicanalítica / Maria Cecília Pereira da Silva. -- São Paulo: Casa do Psicólogo®; FAPESP, 2013.

1ª reimpressão da 1ª edição de 2003
ISBN 978-85-7396-255-0

1. Herança de caracteres adquiridos 2. Psicanálise 3. Psicologia clínica I. Título.

13-0343 CDD 150.195

Índices para catálogo sistemático:
1. Herança psíquica — Clínica psicanalítica

Impresso no Brasil
Printed in Brazil

As opiniões expressas neste livro, bem como seu conteúdo, são de responsabilidade de seus autores, não necessariamente correspondendo ao ponto de vista da editora.

Casapsi Livraria e Editora Ltda.
Rua Simão Álvares, 1020
Pinheiros • CEP 05417-020
São Paulo/SP – Brasil
Tel. Fax: (11) 3034-3600
www.casadopsicologo.com.br

Aos meus pacientes,
com quem aprendo, todos os dias,
a árdua tarefa de ser psicanalista.

Sumário

Prefácio

João A. Frayze-Pereira

Aos que se interessam por questões teórico-clínicas da Psicanálise Contemporânea, este livro de Maria Cecília Pereira da Silva poderá tornar-se uma referência, cuja leitura, fluente faz o leitor pensar.

Em primeiro lugar, porque é um trabalho bem concebido. Todos os capítulos articulam-se entre si e com a questão central, isto é, a da herança psíquica na clínica psicanalítica na forma de fenômenos transgeracionais e intergeracionais que interferem no desenvolvimento emocional do indivíduo, interditando o psiquismo ou promovendo o enlouquecimento. Os capítulos sucedem-se num crescendo, de modo que a problemática presente num caso clínico se recoloca em outros, amplificando a discussão da questão central — a da herança —, que se vê ainda problematizada pelas três situações clínicas distintas relatadas ao longo do livro: intervenção precoce por meio de consultas terapêuticas, análise individual no regime de quatro sessões semanais e terapia familiar. No primeiro relato, a questão aparece polarizada no bebê, cuja análise se desenvolve no campo da família nuclear. No segundo, a questão amplifica-se no campo das relações transferenciais com a analista. No terceiro, a questão expande-se mais ainda em complexidade, uma vez que, considerando a paciente adolescente, a análise chega a um mandato que se explicita desde o bisavô, passando pela avó e pela mãe da menina, ou seja, a análise abarca não só a família nuclear, mas a família extensa. Assim, se no primeiro relato encontramos uma criança cuja insônia atende à demanda inconsciente de seus pais, no segundo destaca-se uma mulher que não dorme, mulher cujo *self* é habitado pela mente de sua mãe e, no terceiro relato, uma adolescente que não pode ser mulher dado um mandato que vem de um ancestral. Então, a tese contida no livro explicita-se gradualmente, à medida que os casos relatados articulam, passo a passo, aspectos cada vez mais complexos do fenômeno "herança psíquica".

Em segundo lugar, além de bem estruturado, o livro é bem escrito. Ou seja, o discurso é conciso, econômico, porque as palavras utilizadas se destinam a comunicar exatamente o que a autora pretende dizer. O nível conotativo dos relatos fica quase sob controle, uma vez que a linguagem não dá margem a equívocos de leitura; o discurso é quase sempre direto. Em suma, a autora não tergiversa. Por exemplo, considere-se o momento em que apresenta resumidamente a sua posição em Psicanálise: "Quando o analista compreende a sintomatologia, as lacunas e os impedimentos advindos do elemento transgeracional, ele assume um posicionamento com relação ao outro, como outro e como alguém que é fruto de uma história e que carrega essa história. Ou seja, o analista toma em consideração a condição humana na sua historicidade, e isso implica a desculpabilização do paciente, porque ele é fruto de uma história. Para isso, é necessário que o analista, a partir dessa concepção de psiquismo, tenha a convicção de que certas vivências do paciente não são fantasias. Os relatos clínicos testemunharam que nem tudo era sonho; que existiam de fato vivências que não eram fantasias. E, assim, poderia dizer, atrelada a esses pacientes, que nem tudo é fantasia ou vem do mundo interno; que os objetos externos são reais e nem tudo é sonho...". Evidentemente, o leitor pode discordar dessas idéias, mas jamais poderá dizer que tem alguma dúvida com relação ao que a autora quis dizer. Nesse sentido, o livro tem esse mérito da clareza da linguagem, aliás, como também simples e direta é a postura da autora como analista. Veja-se outro exemplo. Dirigindo-se à Maria Clara, o bebê de um ano, Cecília faz a seguinte interpretação: "Ei, Maria Clara, você gostou dessa conversa, hein? Esse seu nome, Maria Clara, tem tudo a ver com essa conversa. Você veio clarear as idéias, iluminar, trazer luz. Veio para explicar as coisas. Tem muito trabalho para você, hein?" — na ocasião em que a queixa apresentada em relação às filhas (dificuldade para dormir e agitação) é percebida como reedição de uma questão antiga do pai (medo de ficar sozinho). A linguagem é tão clara — e nisso está a sua força — que, após essa segunda consulta, Maria Clara e sua irmã conseguiram dormir em seu próprio quarto, separadas dos pais. E esse pode ser considerado um dos pontos altos de todo o livro.

Finalmente, em terceiro lugar, o livro é significativo, porque a questão da herança psíquica é central na própria Psicanálise, desde Freud. Basta pensarmos na própria noção de "complexo de Édipo" com todas as suas implicações no tocante à sexualidade, à castração — noção sem a qual não haveria Psicanálise propriamente dita —, para considerar o caráter nuclear, na Psicanálise, da questão tratada no livro. Apenas para lembrar, sabemos que a problemática do Édipo, no plano da tragédia, é transmitida através das gerações desde o pai de Laio, avô de Édipo. Aliás, essa questão da herança transgeracional e intergeracional é um aspecto próprio das tragédias clássicas, que são sempre trilogias, desenvolvidas a partir de um mesmo núcleo — o crime terrível no interior da família e que exige vingança com outro crime sangrento, que pedirá nova vingança, sem a possibilidade de findar a sucessão dolorosa das mortes. Nesse sentido, o discurso de Édipo, por exemplo, é discurso de outro, que remete a outro, que remete a outro, numa articulação sem fim, que remete, por sua vez, a uma comunidade de homens, deuses e semideuses, cujas origens se confundem com o próprio mito da criação do mundo. Ou seja, a temática central do livro é central nas tragédias e na própria Psicanálise. E, apesar dessa centralidade, o referencial teórico da autora, assim como a linguagem, também é bastante econômico. Basicamente, a questão é articulada ao conceito de identificação mórbida dos objetos primários, isto é, identificação projetiva maciça, intrusiva e alienante como via de transmissão.

A clareza da linguagem e a fluência da leitura, entretanto, não impedem o aparecimento de questões. Há, sobretudo, uma pergunta que ganha relevo, à medida que o livro progride, e se impõe à reflexão: até que ponto o tema da herança psíquica, tratado psicanaliticamente, não levaria o psicanalista a ter de explicitar os vários outros discursos que lhe precederam, remontando, portanto, a Freud? Considere-se, por exemplo, o que este escreveu em *O Ego e o Id* (1923): "parece que as experiências vividas do ego estão, em primeira instância, perdidas para o patrimônio hereditário mas que, se elas se repetem com uma freqüência e uma força suficiente em numerosos indivíduos, sucedendo-se de geração em geração, elas se transpõem, por assim dizer, em experiências vividas do id, cujas impressões são mantidas por hereditariedade. Desta maneira, o id hereditário hospeda os restos das existências de inumeráveis egos e, quando o ego extrai do id seu superego, talvez simplesmente reatualize figuras de ego mais arcaicas, ressuscitando-as" (p. 251-2). Ou seja, a questão da herança psíquica transmitida transgeracuional e intergeracionalmente coloca a questão da presença, na dinâmica subjetiva, da cultura e da história, isto é, a questão da relação intrínseca do psiquismo com a temporalidade que o constitui no sentido concreto.

Ora, conforme tem observado Fábio Herrmann em alguns momentos de sua obra, uma análise comporta três tempos distintos, três dimensões temporais simultâneas: o tempo curto, o tempo médio e o tempo longo. O tempo curto é o da atenção à palavra do analisando; é o da técnica psicanalítica senso estrito. Nesse tempo, vigem os jogos de linguagem, os lapsos, a livre associação, a própria atenção flutuante. É o tempo rápido, próprio à comédia. O tempo médio é o do vínculo emocional entre analista e analisando. Nele apreendemos sentimentos transferenciais, identificações e uma experiência feita de amores e ódios. É o tempo próprio ao drama — o drama passional — e seu tratamento é transferencial. Finalmente, o tempo longo é o histórico; é o tempo de uma vida, que se projeta sobre a história da análise. Nesse tempo, a análise ganha a forma do destino do analisando, do qual ele não consegue dar-se conta. É o tempo próprio da tragédia. É o tempo de uma análise, ao longo da qual se vão explicitando os termos concretos de uma herança. É o *Tempo trágico*, segundo Mauro Meiches, que, no livro *A Travessia do Trágico em Análise* (2000) se refere a um processo de sucessivas identificações e desidentificações, a uma transitoriedade das formas no presente, que gera interrogações sobre o futuro. Trata-se de uma idéia com a qual a autora parece concordar quando afirma: "Assim como no modelo mítico da Genealogia dos Atridas em que a vingança, as traições, os crimes se propagaram nas cinco gerações que separaram Tântalo de Orestes, na família de Renata a patologia se propagou em várias gerações. Quantas serão necessárias até que esse objeto transgeracional possa ser transformado?".

Ora, se, como diz Winnicott, tal como citado pela autora, "Não é possível ser original, exceto tendo por base a tradição", fica em aberto, no livro, a própria questão da filiação teórica do psicanalista. Ou seja, até que ponto, para pensarmos profundamente a problemática da "herança psíquica na clínica psicanalítica" — o que envolveria pensar o tema da articulação temporal da subjetividade —, não se tornaria uma exigência intelectual obrigatória remontar à obra de Freud, não como uma referência entre outras, mas como "obra de pensamento", isto é, como aquele "tipo de trabalho que ao pensar nos dá a pensar" (Merleau-Ponty)? E, implicada por este livro, tal questão justifica mais ainda a sua leitura, pois convida os interessados na prática clínica a ter de considerar o vasto e complexo campo da própria Psicanálise, enquanto disciplina, desde as suas origens. Nesse sentido, é também como um projeto de reflexão teórica que o livro de Maria Cecília Pereira da Silva se oferece aos seus leitores.

Apresentação

Rainha Margareth: (...) Paira no céu a horrível maldição (...)
Peço a Deus que nenhum de vós desfrute
Uma vida normal, mas seja morto
Por qualquer acidente inesperado.
Eu não te esqueço, cão; espera e ouve:
Se o céu possui alguma horrenda praga
Que exceda estas que eu lanço sobre ti,
Guarde-a até que sazonem teus pecados
E então derrame a sua indignação
Sobre ti, destruidor da paz do mundo!
Que o verme dos remorsos te roa a alma!
Que os amigos suspeites de traidores,
Só tomes vis traidores por amigos!
Que o sono não te feche os olhos tristes
Senão para algum sonho tormentoso
Que te amedronte como diabo horrendo!
Tu, cão maldito, assombração que ladra!
Tu que foste marcado de nascença,
Escravo ignóbil, filho dos infernos,
Difamador do ventre em que pesaste,
Fruto odioso da ilharga de teu pai!
Trapo sem honra! Mais que abominável...

William Shakespeare, *Ricardo III*, 1993, p. 40-1.

Assim como essa maldição que Margareth apregoa a Ricardo III, na tragédia shakespeariana, várias patologias da vida psíquica tomam o mesmo destino no imaginário materno ou paterno e são transmitidas através das gerações, difíceis de ser transpostas sem uma intervenção psicanalítica.

Este livro, por meio da narrativa clínica, procura mostrar como os fenômenos transgeracionais transbordaram na minha experiência analítica em três *settings* distintos, três enquadres com o mesmo método, o psicanalítico[1]. O primeiro capítulo narra a história de um bebê e sua família, colhida durante uma intervenção precoce; o segundo capítulo relata aspectos da herança psíquica de algumas mulheres adultas em análise, e, no último capítulo, apresento os atendimentos familiares de uma paciente adolescente psicótica atendida num *setting* institucional.

Nessas três situações clínicas, revelaram-se os elementos transgeracionais transmitidos por meio de identificações mórbidas, aquelas que são patológicas em si e que adoecem o outro, pois carregam elementos não digeríveis por mais de uma geração.

A descoberta desses fenômenos, transgeracionais e intergeracionais — transformadores e reveladores de uma dimensão histórica do ser humano — torna-se enriquecedora para a compreensão do sofrimento psíquico, pois é possível integrar na vida mental dos pacientes os seus aspectos enigmáticos, secretos, ocultos ou sem representação psíquica.

Durante todo o processo de estudar e de escrever sobre os fenômenos transgeracionais, busquei uma imagem que pudesse ilustrar esses fenômenos. Algo que falasse da herança transmitida psiquicamente através das gerações, e não da herança que nos é transmitida geneticamente. No campo da literatura, é possível observar a repetição de tragédias familiares nas quais o sujeito resta imobilizado, como a tra-

1. O texto original foi primeiramente apresentado como tese de doutorado à banca examinadora da Pontifícia Universidade Católica de São Paulo, como exigência parcial para obtenção do título de Doutor em Psicologia Clínica na área de Psicanálise, sob a orientação do Prof. Dr. Gilberto Safra, em 6 de setembro de 2002.

gédia shakesperiana *Ricardo III*, citada acima, ou no *Resumo de Ana*[2], em que Modesto Carone (1998) descreve uma história transgeracional ali presente. Também pensei na saga da família Kennedy[3]. Ou, mesmo na mitologia grega, no relato da Genealogia dos Atridas[4], em que encontramos uma compulsão à repetição e à transmissão de representações vivenciadas ao longo de cinco gerações que separam Tântalo de Orestes, desde a constituição da parte maldita de sua transmissão até o voto de lavá-la com sangue, gerando outros crimes e vinganças.

Mas foi só depois de tudo terminado que encontrei uma escultura de Salvador Dalí (1904-1989) que pôde representar o sentido que eu buscava e que condensa as idéias deste trabalho por meio da arte: *Le Cabinet Antropomorfique,* uma figura humana com seu tronco repleto de gavetas (veja p.18).

---

2. Carone (1998) narra as histórias interligadas de Ana e Ciro e coloca-nos em contato com a trajetória e a crueldade do destino humano. Ana, mãe de Ciro e avó do narrador, ficou órfã aos 5 anos. Afastada dos irmãos, foi criada por uma senhora, a quem amou mas a fez de criada. Movida pela ambição e pelo desejo de autonomia e independência, Ana foi para a cidade grande e experimentou tudo de bom do *glamour* e da cultura metropolitanos. Pelo mesmo anseio, casou-se sem amor. E, como se não tivesse direito à vida, embebedou-se até morrer, deixando também suas filhas para serem criadas por outrem, e Ciro, filho caçula, seguiu com o pai. Parece que Lazinha, filha mais velha de Ana, a quem o livro é dedicado mas o narrador quase não se detém, escapou ao destino tão cruel. Ciro sofreu até o fim da trama para se equilibrar afetiva e economicamente. O reencontro de Ciro com a pobreza durante a vida parece maldição deixada pelo pai, o qual havia perdido tudo durante a crise do café. E, ainda, suas escolhas afetivas estavam embebidas pelo desejo de reparação do casal original. É possível identificar fatos da vida de Ana e de Ciro como uma reedição da história de seus pais. Aquilo que, nos pais, não foi possível encontrar uma inscrição psíquica, uma figuração imaginária, corre o risco de haver um retorno sobre o outro, designado na genealogia para reproduzir sem compreender. Sucessão sem fim que se perpetua de uma geração a outra, desafiando a passagem do tempo. *Resumo de Ana* narra histórias de sofrimento e dor mental que podemos observar na repetição de vidas desarmoniosas, de orfandade, de desencontros afetivos em, pelo menos, três gerações. Histórias de identificações que, provavelmente, não puderam ser simbolizadas, ficaram impossibilitadas de adquirir novos sentidos e foram transmitidas inconscientemente através das gerações sem ser elaboradas. Coube, então, ao neto-narrador essa tarefa de decodificar, transgredir e transformar histórias passadas mas também presentes, por meio de um romance-ficção, num estilo narrativo surpreendente.

3. É conhecida por todos a história repetitiva e sucessiva de acidentes fatais entre os Kennedys. O velho Joseph Patrick Kennedy fez fortuna de forma nebulosa; era obstinado pela idéia de ter um filho presidente dos Estados Unidos da América. Há suspeitas de que a vitória apertada de JFK sobre Nixon foi obra do patriarca, na contagem das urnas do Texas e de Illinois. Joseph Kennedy Jr. — Joe — morreu em 1944, num acidente de avião durante a. Segunda

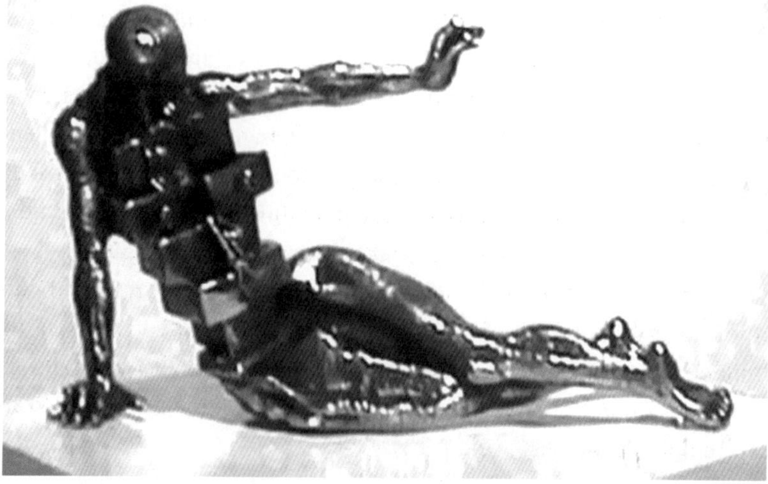

Le Cabinet Antropomorfique de Salvador Dalí

Guerra Mundial. Em 1948, Kathleen Kennedy já era viúvas quando morreu num acidente de avião, aos 28 anos. John F. Kenedy — o presidente que se envolveu em mais traições que Bill Clinton — foi assassinado em 1963. A desgraça não pulou nenhuma geração. O senador Robert Kennedy foi assassinado em 1968, e dois de seus filhos já morreram, David, em 1984, aos 28 anos, morreu de overdose, e Michel, em 1997, aos 29 anos, morreu num acidente de esqui. Edward Moore Kennedy, o irmão caçula, passou por dois acidentes sérios, um com avião e outro de carro. Seus filhos estão vivos, mas Edward Jr. perdeu a perna esquerda aos 12 anos, por causa de um câncer, e outro tem problemas com drogas. JFK Jr., aos 38 anos, filho do presidente Kennedy, morreu recentemente num acidente de avião. Sabe-se que a irmã mais velha do Presidente Kennedy, Rosemary, sofria de dislexia, e há muitos anos a solução dada ao problema foi uma lobotomia, o que a deixou totalmente retardada. Rose, viva até hoje, encontra-se num asilo psiquiátrico. Uma hipótese é que essa morte psíquica, cruelmente executada, não tenha sido elaborada e representada em seus descendentes, e, como se fosse uma maldição, sucessivamente, filhos e netos vêm morrendo em acidentes que a lógica racional não consegue explicar. Ficou uma marca assassina na genealogia da família.

4. Cronos e Réia têm um filho chamado Zeus, ou Tímulos e Tântalo trai os segredos de Zeus rouba a comida divina para servir aos mortais amigos. Serve Pélope, seu filho, cortado em pedaços num banquete aos deuses. Como pena, é suspenso em um galho de árvore frutífera sob um lago sem poder beber ou comer. Cronos, o avô de Tântalo, comia crianças, e Tântalo comete o mesmo crime, e Zeus se revolta contra o filho, Tântalo. Seu castigo é a recusa da carne humana e a contenção. Zeus reconstrói Pélope com um ombro de marfim, mas nas próximas gerações o incesto, os assassinatos e as traições se perpetuam.

Esse mito representa o retorno trágico do crime não pago. Cada descendente, consagrando sua existência à vingança contra o crime cometido a um parente próximo, longe de se livrar disso perpetua uma série de vinganças. Os crimes dizem respeito ao que é mais horrível: parricídio, matricídio, infanticídio, incesto, canibalismo e estupro. E podemos assinalar tendências libidinais opostas: o retorno do ancestral,

Quando, finalmente, encontrei essa imagem, não imaginei que Dalí, ao referir-se a ela, tinha feito menção ao inconsciente. São vários os trabalhos de Dalí em que as gavetas aparecem. Ele se serviu delas para simbolizar, em imagens, as teorias da Psicanálise de Freud. Ele se referia às gavetas como gavetas do inconsciente: "São espécie de alegorias da psicanálise que ilustram uma certa complacência e uma tendência para aspirarmos o odor narcísico que emana de cada uma de nossas gavetas" (Néret, 1996, p. 44).

Dalí dizia: "A única diferença entre a Grécia imortal e a época contemporânea era Freud, que descobriu que o corpo humano, que antigamente era puramente neoplatônico na época dos gregos, era repleto de gavetas secretas que só a psicanálise seria capaz de abrir" (Néret, 1996, p. 44). A gaveta pode, assim, abrir-se para deixar sair os odores fétidos de uma culinária dramática: a guerra. A guerra trata de toda a crueldade humana e pode ser comparada aos conflitos emocionais vividos pelo ser humano.

Para mim, esta escultura, com suas gavetas, metaforiza a transmissão. Para Freud, a noção de transmissão é polissêmica. Além do sentido específico de transferência, que adquiriu no campo psicanalítico, "*Übertragung* é também empregado para designar os processos de transmissão de pensamento, telepatia, indução, os fenômenos de contágio e de imitação em funcionamento nas multidões, as modalidades da prescrição do tabu. *Übertragung* é também um dos termos empregados no debate freudiano sobre a hereditariedade e a etiologia da neurose, quando se vincula à questão de aquisição (*Erwerbung*) e da transmissão, por via psíquica, da doença. São essas as questões que inauguram a reflexão sobre a histeria e a análise de Dora, introduzindo a dimensão intergeracional e intragrupal dessa transmissão" (Käes, 1985, p. 28).

---

a libertação do mandato de sujeição e das diferentes variações da repetição inconsciente. Trata-se da resolução desse ciclo estereotipado pela introjeção da lei, a continuação de um superego edípico e o vir-a-ser do sujeito. Somente o aparecimento do superego evoluído, representado por uma lei tolerante, pode cessar esse ciclo de vingança e de crimes.

A transmissão psíquica, para Freud, envolve a questão do sujeito com sua herança psíquica, social, religiosa e cultural, mas também a descoberta do complexo de Édipo e tudo que daí deriva. Em sua obra, a questão da transmissão é afirmada em certos momentos com ênfases distintas.

Em *A Interpretação dos Sonhos* (1900), Freud inaugura um novo caminho, embora ainda ligado à questão da histeria: o da transmissão inconsciente por identificação com o objeto ou com a fantasia do desejo do outro. A discussão refere-se à imitação e ao contágio psíquico entre os sujeitos, mas também às modalidades intrapsíquicas da transmissão dos pensamentos (do sonho). Há transmissão intersubjetiva no movimento, pelo qual o sujeito se identifica com o desejo ou com o sintoma do outro. O que se transmite de um a outro é um traço inconsciente comum.

Em *Totem e Tabu* (1913), a descoberta freudiana já apontava para as investigações sobre a transmissão transgeracional de patologias:

> *... podemos presumir com segurança que nenhuma geração pode ocultar à geração que a sucede nada de seus processos mentais mais importantes, pois a Psicanálise mostrou que todos possuem, na atividade mental inconsciente, um "apparatus" que os capacita a interpretar as reações de outras pessoas, isto é, a desfazer as deformações que os outros impuseram à expressão de seus próprios sentimentos* (p. 188).

Freud inaugura outro percurso, o que se transmite de geração em geração: a transmissão do tabu, a transmissão do crime e da culpa. Retoma o debate sobre o que é da ordem do inato e o que é da ordem do adquirido — a noção de patrimônio e de herança arcaica, considerando os fatores da história pessoal e da etiologia específica. E, ainda, discrimina a transmissão por identificação aos modelos parentais (história do indivíduo) da transmissão genérica constituída por traços mnemônicos das relações com as gerações anteriores (pré-história do indivíduo). Na pré-história inclui-se a transmissão dos objetos perdidos, enlutados, fatos congelados, enigmáticos, sobre os quais não houve uma elaboração, um trabalho de simbolização.

Nesse mesmo artigo, introduz a idéia de uma formação do inconsciente na própria transmissão do recalcamento, e não apenas dos conteúdos recalcados. O que se transmite é um traço, mas não só um traço. Nada pode ser completamente abolido; não há nada que seja abolido e que não apareça, algumas gerações depois, como enigma, como impensado ou como signo do que não pôde ser transmitido na ordem simbólica.

Em 1914, em *Introdução ao Narcisismo*, explicita os fundamentos narcísicos da transmissão entre as gerações e através delas; desvenda o agenciamento do apoio mútuo entre o narcisismo da criança e o narcisismo parental; introduz a noção de um sujeito do inconsciente dividido entre a exigência de seu narcisismo e de se constituir como sujeito do grupo. Ao opor a condição narcísica do sujeito à do sujeito da intersubjetividade, articula o apoio do narcisismo sobre o da geração precedente, sobre a transmissão à criança dos sonhos de desejos insatisfeitos dos pais. Chama a atenção sobre os investimentos que são depositados sobre a criança e que poderão dar lugar e sentido aos projetos não-realizados dos pais, marcando as condições do nascimento psíquico desse filho.

Em *Os Instintos e suas Vicissitudes* (1915), estuda os diferentes momentos que permitem ao sujeito separar-se do objeto. Segundo a lógica do narcisismo regido pelo princípio do prazer/desprazer, propõe que o ego é o equivalente do prazer e o não-ego, o equivalente do desprazer. Isso significa que, quando o sujeito sente desprazer, tenderá a atribuí-lo a um não-ego. E, quando o objeto lhe proporciona desprazer, terá tendência a odiá-lo. Essa regulação narcísica explica, portanto, por que a antítese entre subjetivo e objetivo não se dá sem dor.

Em *Psicologia de Grupo e Análise do Ego* (1921), Freud afirma que tudo que se transmite dentro de um grupo é feito pela via das identificações. Essas proposições asseguram, na sua origem, a importância do conceito de transmissão, isto é, o processo de tomar conhecimento da realidade psíquica que se transporta, se desloca ou se transfere de um indivíduo a outro entre eles ou através deles, ou nos vínculos do grupo, ainda que o que foi transmitido psiquicamente se transforme ou permaneça igual.

Ao relançar, sobre bases completamente diferentes, a questão da identificação, do ego e do superego quanto aos processos e desafios da transmissão, Freud, em *Psicologia de Grupo e Análise do Ego* (1921) e *O Ego e o Id* (1923), reelabora a questão da hereditariedade e da herança dos traços psíquicos, depois de ter acompanhado o destino do objeto perdido na elaboração das instâncias do aparelho psíquico.

A questão da hereditariedade, portanto, vai acompanhar Freud em sua obra, desde os *Estudos sobre a histeria* (1895) até *Análise Terminável e Interminável* (1937) e *Moisés* (1939), embora seja tratada mais especificamente entre 1895 e 1905. O que está, então, em debate é a etiologia das neuroses e sua transmissibilidade por via psíquica. Nas últimas páginas de *Moisés e o Monoteísmo* (1939), Freud sublinha, uma vez mais, que a herança arcaica do homem não engloba somente disposições, mas inclusive conteúdos, traços mnêmicos do que foi vivenciado por gerações anteriores. Dessa maneira, tanto a extensão como a importância da herança arcaica seriam significativamente ampliadas.

A transmissão intrapsíquica tem como referência o texto *A Interpretação dos Sonhos*. Sonho, processo associativo, representação — essas formações são os objetos e os vetores da transmissão interna da realidade psíquica. Desde o princípio, Freud pensa-os de tal forma que o ponto de vista econômico adquire um lugar importante: investimentos, localizações, deslocamentos de afetos, de energia e de representação, condensação e difração. Já a transmissão transgeracional ou intergeracional — aquela que se transmite "através" dos sujeitos, sob a exigência do narcisismo — se dá por meio de mediações verbais e não-verbais, qualquer que seja o nível tópico de onde parte a mensagem: inconsciente, pré-consciente e consciente.

A transmissão psíquica inaugura, portanto, a abolição dos limites e do espaço subjetivos e, também, formas e processos psíquicos solicitados e criados nos estados de multidão ou de massa. As investigações de Freud sobre a hipnose, a indução, a sugestão, a telepatia, o "contágio" e "a infecção" psíquicas, o contato direto e a transmissão de pensamento encontram lugar dentro dessa perspectiva. Essas investigações atravessam toda a sua obra.

É nesse sentido que aquela escultura de Dalí — *Le Cabinet Antropomorfique* — se configurou, para mim, em uma metáfora da transmissão: um corpo sem identidade, sem rosto, engavetado, impossibilitado de ir e vir; uma figura humana seccionada que, nos convida a pensar nas criptas, nos aspectos ocultos, secretos, que habitam ou parasitam uma mente e que impedem o surgimento de um psiquismo.

Esses aspectos sem representação, simbolizados pelas gavetas de Dalí, são justamente o foco de investigação deste trabalho essencialmente clínico.

Introdução

Aquilo que herdaste de teus pais,
conquista-o para fazê-lo teu[5].
Goethe

Esta investigação psicanalítica[6] surgiu de uma inquietação presente na minha experiência clínica, quando comecei a observar que, para alguns pacientes, a herança parental, ao contrário de contribuir para a constituição de um psiquismo[7], criava obstáculos.

Meu processo na formação psicanalítica foi marcadamente kleiniano e neokleiniano, com influência da teoria dos campos. Uma formação balizada por um trabalho analítico focalizado na fantasia in-

5. "Was du ererbt von deinem Vätern hast,/ Erwirb es, um es zu besitzen" (Goethe, Fausto, Parte I, cena I, sem data).

6. Utilizo-me do método psicanalítico, isto é, um método terapêutico, interpretativo e de investigação do inconsciente. Freud (1922) assim definiu: "Psicanálise é o nome de um procedimento para a investigação de processos mentais que são quase inacessíveis por qualquer outro modo, um método (baseado nessa investigação) para o tratamento de distúrbios neuróticos e uma coleção de informações psicológicas ao longo dessas linhas, e que gradualmente se acumula numa nova disciplina" (p. 287).

7. Entendo psiquismo como uma estrutura emocional resultante das identificações com os objetos primários que permite que o sujeito se relacione com a realidade e a signifique.

consciente, nas relações objetais e nos movimentos transferenciais que disputavam com a espera de que se configurasse um campo[8] em cada dupla analítica, ou seja, a espera de deixar que surgisse o material clínico inconsciente e transferencial para tomá-lo em consideração[9].

Apesar dessa inscrição formativa, nos relatos de alguns pacientes as figuras parentais ficavam tão evidentes e tão ativas, extrapolando o campo intrapsíquico das fantasias inconscientes, que, por um lado, a história familiar e a concretude dos objetos externos estavam excessivamente presentes e, por outro, havia elos ocultos e enigmáticos na vida psíquica desses pacientes que tomavam um lugar específico na situação transferencial e contratransferencial, apontando para processos de identificação que demandavam uma intervenção psicanalítica singular para que transformações psíquicas fossem possíveis. E, nesses casos, tal aporte teórico se mostrou, para mim, insuficiente, levando-me a novas leituras.

A contribuição psicanalítica de Melanie Klein foi construída a partir de sua prática com a análise de crianças, quando teve acesso às camadas mais primitivas da mente, levando-a a desvendar o complexo mundo interno e a descobrir a importância do papel desempenhado pela projeção e introjeção na formação da estrutura mental e das relações externas da criança. A partir dessa experiência clínica, propôs o conceito de identificação projetiva (Klein, 1946). Relacionou as deformações do desenvolvimento do ego às relações de objetos internas dominadas pela ansiedade e por processos defensivos que afetam diretamente a totalidade do ego. Na teoria kleiniana, a relação com o mundo externo e o interesse pelo mundo externo emer-

8. "Um campo é aquilo que determina e delimita qualquer relação humana, como o tema ou assunto determina diálogo (...) Campos são regras de organização, dizem o que faz sentido num assunto e o que não faz parte dele, dizem sobretudo que sentido faz o que está no campo. Ao se dissolver, por ruptura, o campo mostra portanto os pressupostos que dominavam uma certa forma de pensar e sentir, que forças emocionais estavam em jogo e qual sua lógica." Assim Fábio Herrmann (1991, p. 103) define a noção de campo.

9. Essa expressão caracteriza o modo de ação do método psicanalítico: "deixar que surja para tomar em consideração" (Herrmann, 1991).

gem a partir da externalização e da simbolização da fantasia inconsciente. A ênfase é dada aos aspectos constitucionais do bebê, especialmente os aspectos ligados à inveja — à pulsão de morte. O estatuto da fantasia inconsciente na estrutura mental também leva a uma maior ênfase sobre a transferência. Uma interpretação da transferência plena deveria incluir a relação externa corrente na vida do paciente, a relação do paciente com o analista e a relação entre estas e a relação com os pais no passado. Deveria, também, visar ao estabelecimento de um vínculo entre as figuras internas e as figuras externas, buscando restaurar a capacidade do ego para uma percepção real dos objetos e habilitá-lo a alcançar uma relação de objeto mais construtiva, propiciando o crescimento (Segal, 1973).

No entanto, dificilmente os analistas têm conseguido construir uma interpretação que dê conta de todos esses aspectos, detendo-se mais nas interpretações que contemplam as fantasias inconscientes, o mundo interno e suas relações de objeto. Além disso, é possível observar, no relato de alguns pacientes, que nem tudo era fantasia, nem tudo era sonho.

No material clínico apareciam situações intrigantes, áreas secretas que não faziam sentido, que não podiam ser faladas, aspectos ocultos que não podiam ser desvelados, aspectos identificatórios e projetivos que inundavam o mundo intrapsíquico, resultando em áreas com atividade psicótica, ora impedindo que o paciente tivesse um psiquismo próprio, ora o atormentando, o enlouquecendo[10].

Os objetos externos ficavam excessivamente presentes no relato desses pacientes, apontando uma indiscriminação entre o eu e o objeto, o dentro e o fora. Nos movimentos transferenciais, observava que essa realidade externa se impunha, o presente se transformava simplesmente no passado. A relação com os objetos externos era inun-

10. Este estado enlouquecido, de ausência de si, confuso, se refere a um estado psicótico. Entendo psicose como uma enfermidade que tem seu ponto de origem nos estágios do desenvolvimento individual anteriores ao estabelecimento de um padrão individual de personalidade (Winnicott, 1965a).

dada por identificações projetivas ou identificações intrusivas das quais o paciente ficava impedido de fundar uma estrutura psíquica própria e restaurar sua capacidade egóica para uma percepção real dos objetos e transformar suas relações objetais. Muitas das experiências emocionais relatadas eram vivências factuais e traumáticas que não se configuravam como fantasias. Fazia-se mister um trabalho de reconhecimento e de discriminação do lugar ocupado por esses objetos externos na vida mental de tais pacientes e um trabalho de desidentificação, para que pudesse emergir um mundo de fantasias e o processo analítico clássico se desse.

Nesses casos, tais objetos externos habitavam o *self*[11] desses pacientes, mobiliando com objetos introduzidos em sua mente sem que eles pudessem tê-los escolhido, como o decorador que decora uma casa sem considerar o gosto estético dos proprietários.

Fui observando que havia angústias e conflitos resultantes de uma história que não lhes pertencia, história essa que tinha sido inoculada, transferida ou transmitida por processos inconscientes intrusivos. Nesses casos, a história passada e aspectos da realidade demandavam uma investigação clínica para ser ressignificados, recolocando questões técnicas.

Em virtude dessas observações clínicas e por meio de novas leituras, senti necessidade de ampliar a compreensão do psiquismo, de considerar a historicidade do sujeito, principalmente o que era transmitido de outra geração, dando outro estatuto à influência dos objetos parentais e do meio ambiente na constituição do psiquismo.

11. Compreendo *self* como uma organização dinâmica que possibilita ao indivíduo se tornar uma pessoa e ser ele mesmo. Como aponta Safra (1999), trata-se de uma organização que acontece dentro do processo maturacional, viabilizado por um meio ambiente humano. A cada etapa desse processo há uma integração cada vez mais ampla decorrente das novas experiências de vida. Diferencia-se do "eu", que seria um campo representacional que possibilita ao indivíduo uma identidade nas dimensões do espaço e do tempo. Destaco que nem o *self* nem o "eu" confundem-se com o ego, que é uma das instâncias intrapsíquicas de caráter funcional, articulador das demandas do id, do superego e da realidade (p. 37). Quanto à categoria de "*self* central", Winnicott denomina o como o potencial herdado que é experienciado como uma continuidade de ser e que adquire, com um modo próprio e com uma velocidade própria, uma realidade psíquica e esquema corporal pessoais (Winnicott, 1960a) (p. 39).

Concomitantemente a essas observações clínicas, iniciei um curso de psicopatologia do bebê[12] que propõe intervenções precoces na relação pais-bebê, em que a história transgeracional do bebê vai sendo reconstruída e fica manifesta a relação do sintoma do bebê com a história narrada pelos pais. Quando se pode ressignificar o sintoma, ocorre sua remissão. E, ainda, iniciei um trabalho com adolescentes que possuíam transtornos emocionais graves, e com suas famílias num hospital-dia[13]. Durante os atendimentos familiares, os fenômenos transgeracionais transbordavam, evidenciando como o sintoma do adolescente estava interligado a alianças inconscientes difíceis de serem removidas.

Tanto o trabalho com bebês e suas psicopatologias como o trabalho com a psicose tiveram um caráter transformador na minha compreensão do sofrimento psíquico e na maneira de conduzir o trabalho analítico.

Nos casos em que estavam presentes transtornos emocionais graves, eu observava que os objetos externos parasitavam o *self* desses pacientes, matando a possibilidade de sobreviverem psiquicamente ou mesmo impedindo que algum psiquismo brotasse, como as ervas daninhas que vão estrangulando o tronco da árvore. Esses pacientes funcionavam como hospedeiros de uma história inconsciente de outras gerações que não lhes pertencia, apresentando, diante de mim, um corpo sem um si mesmo, ausente de si, confuso e enlouquecido.

Em situações muito precoces do desenvolvimento, no caso de bebês com patologias precoces, eu verificava que o paciente-bebê era um receptáculo de excessivas projeções[14] de aspectos inconscientes dos objetos parentais, como se fosse um *self* "sem berço". Resultava nos sintomas do bebê que, ao mesmo tempo, ainda não pos-

12. Trata-se da 3ª Geração de Diplomados a Distância em Psicopatologia do Bebê, organizada pela Universidade Paris XIII, Association Franco Mexicaine Mentale e — Universidade Virtual Euroamérica 1989, coordenado pelo querido Prof. Serge Lebovici.

13. Instituto Therapon Adolescência.

14. Quando o que se transmite é demasiado conflitivo, o desenvolvimento do filho vê-se obstaculizado, e a afiliação cultural é também afetada.

suía um *self* capaz de se diferenciar e digerir essas projeções e não podia contar com objetos parentais disponíveis emocionalmente para conter as identificações projetivas típicas desse momento do desenvolvimento emocional primitivo.

Nesse processo de observar um *self* habitado, parasitado ou tomado por excessivas projeções de aspectos inconscientes dos objetos externos, eu estava diante de um mistério, com dificuldade de compreender, de encontrar representação ou significado emocional. Esses fenômenos impediam que os pacientes pudessem olhar o seu meio ambiente de uma forma objetiva, como um objeto fora de si, fora do *self*, ou seja, não podiam colocar a situação emocional sob o domínio da própria criatividade; não podiam sequer sonhar ou brincar.

Parecia uma vida e uma não-vida mental, com um destino traçado por outrem, ou que havia recebido um mandato, uma missão a cumprir, imposta, determinada, sem pedir licença ou autorização.

Que aspectos eram esses que transbordavam no material clínico? Que aspectos eram esses transmitidos de uma para outra geração? E como eram transmitidos? Tais fenômenos clínicos se impuseram e, numa postura técnica e sobretudo ética, demandavam uma reflexão mais cuidadosa. Vou deter-me em tal investigação justamente sobre essa trama, que se foi tecendo em diferentes situações clínicas.

Suponho que esses aspectos psíquicos descritos são fenômenos transgeracionais, resultantes da transmissão psíquica através das gerações, em que uma herança psíquica é passada ao indivíduo pelas gerações precedentes, ou seja, transmissão transgeracional, ou pela transmissão psíquica entre gerações, isto é, transmissão intergeracional.

A transmissão transgeracional refere-se a um material psíquico inconsciente que atravessa diversas gerações sem ter podido ser transformado e simbolizado, promovendo lacunas e vazios na transmissão, impedindo uma integração psíquica. Portanto, uma herança transgeracional é constituída de elementos brutos, transmitidos tal qual, marcados por vivências traumáticas, não-ditos, lutos não-elaborados. Por não terem sido elaborados pela ou pelas gerações precedentes, esses elementos brutos irrompem nos herdeiros, atravessam o espaço psíquico sem apropriação possível (Eiguer 1991, 1997; Kaës, 1993; Correa, 2000; Golse, 2001a, 2001b).

A transmissão intergeracional engloba tudo aquilo que é transmitido de uma geração para outra, acompanhado de algumas modificações ou transformações. Então, uma herança intergeracional é constituída de vivências psíquicas elaboradas: fantasias, imagos, identificações, que organizam uma história familiar, uma narração mítica da qual cada indivíduo pode extrair os elementos necessários à constituição de sua história familiar individual neurótica. O indivíduo sempre se ancora em uma história familiar que o precede, da qual vai extrair a substância de suas fundações narcísicas e tomar um lugar de sujeito. A transmissão intergeracional refere-se aos fenômenos de transmissão entre pais e bebês, funcionando nos dois sentidos. Ou seja, trata-se também do que se transmite do filho aos pais, uma transmissão ascendente, que não passa somente pela linguagem, mas também por toda uma série de mecanismos comportamentais interativos (Eiguer,1991, 1997; Kaës, 1993; Correa, 2000; Golse, 2001a, 2001b).

Esse material psíquico com o qual nos deparamos na transmissão se constitui em um objeto transgeracional, como propõe Eiguer (1991), aquele que se coloca como objeto de um outro, fala de um ancestral, um avô ou outro parente direto ou colateral de gerações anteriores, que suscita fantasias, provoca identificações, intervém na constituição de instâncias psíquicas em um ou vários membros da família. Esse objeto está associado à falta de representação, ao oco da representação, que o desinvestimento materno faz nascer no bebê, um espaço de não-representação, impensável[15], tanto mais insuportável quanto mais a criança for impedida de qualquer compreensão da natureza ou da origem desse investimento. Nessa interdição estão presentes a vergonha, a ferida narcísica, o luto, as perdas.

15. Próximo do incognoscível de que fala Bion (1962b).

Essa compreensão da transmissão e dos objetos transgeracionais e intergeracionais, trazida, principalmente, pela escola francesa, veio ampliar minha escuta psicanalítica e acrescentar uma nova luz sobre aqueles fenômenos emocionais que me pareciam obscuros. Resultou em uma nova concepção da origem do psiquismo, que se dá na relação com o outro e que depende e sofre influência do ambiente à sua volta. Portanto, a história das relações, a historicidade do sujeito passou a ocupar um lugar fundamental em minha compreensão do sofrimento psíquico. A teorização sobre concepção do psiquismo em Winnicott e Bion articula-se com o referencial apresentado pela escola francesa sobre os fenômenos transgeracionais e, ao mesmo tempo, com a minha formação psicanalítica, por isso me remeto a eles neste momento.

O referencial teórico winnicottiano[16] destaca que o cuidado materno é fundamental no desenvolvimento emocional primitivo e

16. Para Winnicott (1966, 1969), a expressão "identificação primária" refere-se à idéia de que o bebê e o objeto *são* um só e demonstra quão vitalmente importante essa primeira experiência é para o início de todas as experiências subseqüentes de identificação. "As identificações projetiva e introjetiva originam-se ambas deste lugar em que cada um é o mesmo que o outro" (p. 140). No crescimento do bebê humano, à medida que o ego começa a organizar-se, o relacionamento objetal do elemento feminino puro estabelece a experiência de *ser*, na qual, segundo esse autor, encontramos uma verdadeira continuidade de gerações, sendo ela o que é passado de uma geração para a outra, por via do elemento feminino de homens e mulheres e dos bebês do sexo masculino e feminino. Em contraste, o relacionamento objetal do elemento masculino com o objeto pressupõe a separação. Assim que a organização do ego se acha disponível, o bebê concede ao objeto a qualidade de *ser* não-eu e separado, e a experiência de satisfações do id que incluem a raiva relativa à frustração. A satisfação pulsional realça a separação existente entre o objeto e o bebê e conduz à objetivação do objeto. A partir daí, do lado do elemento masculino, a identificação precisa basear-se em complexos mecanismos mentais, aos quais se tem de dar tempo para que apareçam, se desenvolvam e se estabeleçam como parte do novo aparelhamento do bebê (p. 140). Winnicott (1969) acredita que Melanie Klein fez plena justiça ao tema das identificações projetivas e introjetivas, e é com base no desenvolvimento das idéias deste tipo de Freud que se pode construir esta parte da teoria em que a comunicação tem uma importância maior do que é costumeiramente chamado de "relacionamento objetal". "O bebê, por outro lado, está sendo um bebê pela primeira vez, nunca foi mãe e, certamente, jamais recebeu quaisquer instruções. O único passaporte com que o bebê chega às barreiras alfandegárias é a soma das características herdadas e tendências inatas no sentido do crescimento e do desenvolvimento." Conseqüentemente, na medida em que a mãe pode identificar-se com o bebê, até mesmo com um bebê não-nascido ou no processo de nascer, e de maneira altamente sofisticada, "o bebê traz para a situação apenas uma capacidade em desenvolvimento de chegar a identificações cruzadas na *experiência de mutualidade*, ou esta mutualidade pertence à capacidade que a mãe tem de adaptar-se às necessidades do bebê" (p. 198-9). Winnicott vai salientar o fator ambiental como fundamental na constituição do *ser,* que toma forma na transferência.

deve buscar ir ao encontro das necessidades do bebê e, paulatinamente, ir transformando uma situação, no início alucinatória e logo ilusória, em real, quando, então, o bebê estabelece a relação de objeto. Essa primeira experiência é vital para o início de todas as experiências subseqüentes de identificação. A mãe está presente na relação com o bebê não só como mãe, mas como mãe, avó, bisavó, com toda sua história de relações, com as questões do meio ambiente em que ela viveu e a questão cultural, compondo o próprio cuidado materno.

Bion[17] vai defender que o sujeito depende da capacidade de *rêverie* materna para significar a experiência emocional do bebê e, então, ter a possibilidade de desenvolver sua capacidade de pensar, resultante dos aspectos identificatório e projetivo.

Bion coincide com Winnicott quando diz que a mãe tem de ir, lentamente, tirando as ilusões do bebê, frustrando-o para que vá, aos poucos, abandonando a ilusão de que ele comanda o seio, de que ele cria o seio. Por essa perspectiva, poderia dizer que os cuidados maternos, com a ressonância emocional — um contrato emocional intersubjetivo — e o ambiente, vão dar significado à relação mãe-filho e dar origem ao psiquismo. Ainda dentro da visão desses auto-

17. Bion (1962b) inferiu e descreveu como os estados emocionais primitivos, tanto os de prazer como os dolorosos, são vivenciados concretamente e, como tais, não estão disponíveis para o desenvolvimento mental. Esses estados não podem ser pensados, imaginados, sonhados ou lembrados (em oposição a serem repetidos), até que se tenham transformado em experiências emocionais. Um bebê não pode adquirir a capacidade de transformar suas experiências primitivas de elementos-beta em elementos-alfa, como Bion (1962b) os chamou, exceto por meio da identificação com um objeto capaz de executar tal função fundamental, a função de *rêverie*. No desenvolvimento saudável, tal identificação é atingida via uso da identificação projetiva, como um mecanismo próprio de toda e qualquer comunicação. Nessa situação, o bebê evacua o difícil e indigerível conglomerado de experiências boas e más para dentro do objeto parcial que cuida dele. Esse objeto parcial receptivo oferece uma realização da expectativa inata do bebê, sua pré-concepção, de que há algum lugar onde o difícil pode tornar-se tratável; o insuportável, suportável; o impensável, pensável. Assim, o objeto parcial primário, o seio na terminologia kleiniana, por meio de um processo que Bion chama de função-alfa, age sobre os elementos-beta projetados e os transforma em elementos-alfa pensáveis, armazenáveis, sonháveis. Esses são projetados para dentro do bebê e introjetados por ele. O resultado é uma identificação com um objeto parcial capaz de executar a função-alfa, ou melhor, um esboço de identificação, pois a palavra "identificação" parece ser mais apropriada para descrever uma atividade muito mais formal e final (Isaacs-Elmhirst, 1980).

res, os mecanismos de identificação são mecanismos fundantes do psiquismo.

A identificação ocupa um lugar central no processo psíquico, por sua dupla vetorização contida no duplo sentido gramatical da palavra "identificação", seja transitiva, seja reflexiva[18]. Identificar, no sentido transitivo, é pôr diante de si, em face, reconhecer como idêntico, por intermédio de um procedimento de representação utilizado de maneira privilegiada no sonho. No sentido reflexivo, identificar-se é tomar para si, numa operação fundamental para a constituição do sujeito humano, em correlação com o organizador edipiano e o jogo das múltiplas combinações que ele possibilita entre investimento e identificação bissexuados. Mas é também tomar para si nos mais diversos níveis, desde o mimético/adesivo até a identificação secundária pós-edipiana, as qualidades do objeto[19]. A identificação procede desse duplo e o transgeracional é, no seu princípio, essa troca de identificações com os objetos parentais, particularmente evidente no estabelecimento do superego, o que permite pensar os excessos de um processo, ele mesmo constitutivo do humano.

Acredito que a transmissão[20] dos objetos transgeracionais e intergeracionais se constitui a partir dos mecanismos de identifi-

18. Como apontaram Laplanche e Pontalis (1977).

19. Embora não vá me deter sobre esses aspectos, é importante ressaltar que dons e qualidades estéticas também são transmitidos através das gerações, através das identificações. "O encontro com a qualidade estética abre inúmeras possibilidades de desenvolvimento para a criança, e o surgimento de formas que apresentarão o estilo de ser do indivíduo. O estilo de ser compõe-se das características da manifestação na forma expressiva utilizada pelo indivíduo. O estilo apresenta a singularidade da pessoa. Ele é estabelecido pelo campo sensorial mais importante na constituição do *self* do indivíduo, da biografia e dos enigmas de vida característicos de seu grupo familiar. Esses enigmas são transmitidos de uma geração a outra dentro de uma história familiar, de maneira tal que os diferentes membros de um grupo familiar procuram dar solução àquela questão por meio de seu percurso de vida pessoal" (Safra, 1999, p.39).

20. Além do sentido específico de transferência que adquiriu no campo psicanalítico, *Übertragung* é também empregado para designar os processos de transmissão de pensamento, telepatia, indução, os fenômenos de contágio e de imitação em funcionamento nas multidões, as modalidades da prescrição do tabu. *Übertragung* é também um dos termos utilizados no debate freudiano sobre a hereditariedade e a etiologia da neurose, quando se vincula à questão da aquisição (*Erwerbung*) e da transmissão, por via psíquica, da doença. No texto freudiano

cação e pode ser observada por meio da identificação projetiva[21] patológica e da identificação projetiva maciça ou intrusiva[22], mas também por meio da identificação adesiva[23] e da identificação introjetiva[24].

Esses objetos permanecem enquistados, incorporados e inertes; quando são transferíveis, o são primeiro no modo das identificações adesivas e projetivas. Em muitos casos, só se tornarão transferíveis quando, em algum momento da repetição inconsciente, puderem modificar-se na cadeia geracional ou grupal. É esse fenômeno que também podemos ver abordado na afirmação de Winnicott (1963) quando fala de um "vivido-não-vivido e sempre a reviver" e do temor de um colapso que já ocorreu, mas sem que o ego seja capaz de metabolizar o que então foi vivido sem qualquer representação de palavras.

---

pelo menos quatro termos designam a transmissão: *Die Übertragung*, que, com outros termos forjados sobre essa base, qualifica o fato de transmitir (*übertragen*) ou a transmissibilidade (D*ie Übertragbarkeit*). O mesmo termo designa a transferência, no sentido psicanalítico estrito; mas também a translação, a tradução e, numa acepção mais restrita, a comunicação por contágio; *Die Vererbung*, que serve para designar o que se transmite por hereditariedade ou por herança; *Die Erwerbung*, que indica a aquisição como resultado da transmissão: é o que se expressa neste verso de Fausto de Goethe, termo formado a partir do adjetivo *erblich* (hereditário, transmissível por hereditariedade biológica ou por sucessão jurídica) e utilizado para designar a hereditariedade ou a herança (Kaës, 1993b, p.27).

21. Identificação projetiva - Pelo termo identificação projetiva, Melanie Klein (1946) descreveu uma fantasia onipotente onde em combinação com o processo de *splitting*, uma parte do self pode ser cindida e projetada dentro de um objeto e desta maneira toma posse do seu corpo, da sua mente e da sua identidade.

22. Meltzer (1992) estudando o *claustrum* definiu as identicações projetivas maciças como identificações intrusivas, em que estão presentes os aspectos identificatório e projetivo (claustrofóbico) (p.59).

23. Identificação adesiva — descrito por Bick (1968) e por Meltzer (1975), refere-se aos momentos muito iniciais da vida, do primeiro objeto e da primeira introjeção, quando a indentificação falha resultando na ausência de um espaço interno. Esses autores começaram a perceber nesses casos a formação de uma "segunda pele", em que a imitação representava a experiência e a fantasia era de apegar-se a um objeto, em oposição a projetar-se para dentro dele, de maneira bidimensional, sem profundidade (Hinshelwood, 1992, p.356). Resulta dessa identificação um objeto autista.

24. Um objeto interno constituído pela identificação introjetiva torna-se constitutivo do psiquismo do indivíduo e de seu sentimento egóico. Ele está integrado a sua estrutura interna, não alienante.

Dentre os mecanismos de identificação, vou deter-me no mecanismo de identificação projetiva, pois considero que o estudo desse mecanismo articula tanto a visão neokleiniana como winnicottiana e se constitui em uma modalidade central de transmissão psíquica inconsciente.

A identificação projetiva é um mecanismo de comunicação das emoções e de identificação de duas vias, mãe-bebê e vice-versa, presente em todas as relações. O objeto constituído pela identificação projetiva estará no mundo psíquico sob a forma incorporada. Ele descreve o processo pelo qual uma identificação narcísica surge. Trata-se de um processo de fantasia onipotente, de *splitting* de uma parte projetada do *self* em um objeto, seja este um objeto interno, seja externo. Esse processo resulta num fenômeno de identificação imediata com o objeto que é, de alguma forma, delirante e que é o aspecto identificatório da identificação projetiva. O falso *self*, os pseudo-estados, as imitações sem imaginação, sintetizam um psiquismo que deriva de uma identificação com tal objeto. Pode-se dizer que o objeto incorporado não é transformado pela transmissão, mas transforma o indivíduo adoecendo-o. Então, estamos falando de uma identificação que vou denominar identificação mórbida[25], carregada de elemento transgeracional, aquela que é patológica em si e que adoece o outro, enquanto o objeto interno introjetado é transformado pelo indivíduo e inaugura a capacidade de pensar, o pensamento (Bion, 1962b).

Uma das autoras que propõem a compreensão dos fenômenos transgeracionais nesse mesmo caminho é Faimberg (1993b). Essa psicanalista vai chamar esse processo de identificação mórbida, conforme denominei acima, de identificação inconsciente alienante, que condensa três gerações e que se revela na transferência, no transcurso

25. *Morbus.* Termo latino que significa doença, desordem física, doença da alma, paixão, sofrimento. Personificado,sofre um processo de divinização, e ganha uma genealogia: tornase a divindade Doença, filha do Érebo (trevas infernais) e da Noite.(cf Dicionários Gaffiot, 1934 e Grimal, 1988).

do processo e no *setting* psicanalítico. "Essas identificações inconscientes são inicialmente inaudíveis, e durante muito tempo se mantêm e devem se manter assim no tratamento psicanalítico" (p.130-1). O termo "alienante" ilumina a descrição do fenômeno transgeracional que venho observando na minha experiência clínica. Faimberg remete a origem dessas identificações à regulação narcísica de objeto exercida pelos pais em relação à criança, que desempenha as funções de apropriação e de intrusão. Na função de apropriação, os pais internos, ao se identificarem com o que pertence ao filho, apropriam-se da identidade positiva dele. Na função de intrusão, ao expulsarem ativamente no filho tudo o que rejeitam, definem-no por sua identidade negativa. Esses pais internos se conduzem, afirma a autora, como se

> *... tudo que merece ser amado sou eu, ainda que venha de você filho. O que reconheço como vindo de você, filho, eu odeio; além disso, atribuirei a você tudo que não aceito em mim: você, filho, será o meu não-ego. (...) Dou ao primeiro momento de amor narcísico o nome de função de apropriação e ao segundo momento de ódio narcísico o nome de função de intrusão* (1993a, p. 81).

Segundo essa autora, tal atitude dos pais gera no paciente um psiquismo ao mesmo tempo vazio, por causa da apropriação do que é bom e espontâneo no paciente, e cheio em excesso, por causa da intrusão dos elementos rejeitados pelos pais. Esses elementos rejeitados correspondem às histórias dos pais com seus próprios pais, resultando no paciente identificações com situações de gerações anteriores às dos pais, e assim Faimberg define o que chama de "telescopagem de gerações"[26]. "O trabalho analí-

26. H. Faimberg (1993b), familiarizada com a obra de M. Klein, Bion e Winnicott, explorando em particular a idéia de resistências narcísicas à ferida edipiana, prova inevitável da diferença dos sexos e das gerações, propõe o conceito de escuta, ou seja, a escuta pelo analista da maneira como o paciente "trata" — escuta — transferencialmente as interpretações que ouve. Por meio disso, propõe, "surgirão, no tratamento, os discursos dos pais internos e irá se abrir, ou não, o campo para a história e a apropriação subjetivas. Em certos momentos do tratamento, ou em certos casos, um paciente 'falará' ao genitor interno que garante sua regulação narcísica, mas

tico vai se ocupar de desenrolar esse emaranhado de elementos inconscientes libertando o paciente dessa trama" (p. 80) e permitindo o desabrochar de um psiquismo.

A função de apropriação e de intrusão dos pais internos proposta por Faimberg só tem a acrescentar na compreensão dos aspectos da identificação mórbida presentes na transmissão psíquica transgeracional e intergeracional.

A tirania dessas funções dá-se por meio da maneira de falar mais do que a fala em si mesma, pelo não-verbal, pelo comportamento, pelas atitudes, pelos gestos, pelos sinais, que compõem a comunicação e aos quais a criança é muito sensível. Assim se transmitem os objetos de desejos e as fantasias inconscientes de um pai a um filho via mecanismos de identificação mórbida. O inconsciente transmite-se particularmente quando a mensagem não-verbal contradiz a mensagem verbal. A comunicação é paradoxal quando não há um acordo entre o que é dito e o que é sentido, tanto pelo pai como pelo analista; o outro, seja o filho, seja o paciente, introjetará uma imagem dissociada. O sintoma pode ser considerado como indicador de transmissão, pois denuncia e é testemunha de uma aliança inconsciente, um pacto assinalando a transmissão de algo impensado. Esse pacto inconsciente que o pai impõe sobre a criança é um contrato de repetição, visando tratar como paradoxo uma zona ou uma experiência traumática. O sintoma mantém unidos a realização do pacto e o seu fracasso.

---

ao preço de sua despossessão" (p. 210). Essa autora propõe um debate epistemológico: a telescopagem das gerações, as identificações alienantes ou alienadas de seus pacientes são "uma forma particular de identificação", intrusão tirânica por um objeto que nunca se ausenta e se torna o organizador do psiquismo de um paciente que "se descobre em qualquer análise rigorosamente conduzida". A posição de Faimberg de certa forma desfaz o "encrave" em que se encontrava o transgeracional, para fazer dele um processo de alcance geral (p. 210-1). Faimberg (1993c) discute a idéia de configuração edipiana, isto é, essa relação recíproca entre o filho e os pais, distingue os desejos inconscientes do paciente (desejos de morte e desejos incestuosos em relação a ambos os pais), ou seja, o "complexo de Édipo", do lado do paciente que interpreta no seu mundo interior a maneira como seus pais reconhecem sua "alteridade" e o que significa para eles o fato de que ele seja menino ou menina.

Investigo, então, os fenômenos transgeracionais e intergeracionais a partir das identificações mórbidas[27], ou seja, aquelas que considero as encarregadas da transmissão.

Nos casos em que me deterei, parece que transmitir foi mais importante que o conteúdo transmitido. No relato desses pacientes, pude observar que os fatos indizíveis ou impensáveis, os lutos não-digeridos, as situações traumáticas, o processo do segredo mais do que seu conteúdo, freqüentam o *setting*. A relação com os objetos primários é inundada por identificações mórbidas, por conta das quais o paciente fica impedido de fundar uma psique própria. Fui descobrindo, como assinalei no início, que era necessário um trabalho de reconhecimento e de discriminação do lugar ocupado por esses obje-

27. A título de curiosidade, segue um trecho da Eneida de Virgílio, do Canto VI: o da descida aos Infernos (Hades) feita pelo herói Enéas onde se encontra a genealogia da Doença enquanto divindade, filha da Noite e de Érebo (as Trevas): "No próprio vestíbulo, à entrada das gargantas do Orco, o Luto e os Remorsos vingadores puseram seus leitos; lá habitam as pálidas Doenças, e a triste Velhice, e o Temor, e a Fome, má conselheira, e a espantosa Pobreza, formas terríveis de se ver, e a Morte, e o Sofrimento; depois, o Sono, irmão da Morte, e as Alegrias perversas do espírito, e, no vestíbulo fronteiro, a guerra mortífera, e os férreos tálamos das Eumênides, e a Discórdia insensata, com sua cabeleira de víboras atadas com fitas sangrentas. / No meio do vestíbulo, um olmeiro opaco, enorme, estende seus ramos e seus galhos seculares, morada, diz-se, que freqüentam comumente os Sonhos vãos, fixados sob todas as suas folhas. Além disso, mil fantasmas monstruosos de animais selvagens e variados aí se encontram: os Centauros, que têm seus estábulos nas portas, e as Cilas biformes, e Briareu hecatonquiro, e o monstro de Lerna, assobiando horrivelmente, e a Quimera armada de chamas, e as Górgonas, e as Harpias, e a forma da Sombra de Tríplice corpo" (Virgílio, Eneida, VI, vv 273-289). / Entre as "coisas sepultadas nas profundezas da terra", afirma Adélia, "estão os fantasmas horríveis, monstros, figuras alegóricas de todas as dores da natureza humana: o Luto, os Remorsos, Doenças, Velhice, Medo, Fome, Pobreza, Morte, Sofrimento... e o *Sono, irmão da morte* (*consanguineus Leti Sopor*). (...) Mas, "*além disso, mil fantasmas monstruosos de animais selvagens* e *variados aí se encontram*". Ao lado dos sonhos vãos, estão os monstros concebidos pela mente humana: Centauros, Cila, Hidra de Lerna, Quimera, Górgonas, Harpias. Dito de outro modo, na grande árvore à entrada do Hades, estão os sonhos, e os seres engendrados pelos sonhos. Examinemos mais de perto esses seres: Centauros (seres compósitos, tronco de homem e corpo de cavalo), Briareu (monstro de cem braços), Quimera (monstro com cabeça de leão, corpo de cabra e cauda de dragão), Hidra de Lerna (serpente com sete cabeças), Harpias (monstros com cara de mulher, corpo de abutre), Cila (corpo de mulher, contendo, na parte inferior, seis cabeças de cães devoradores), Górgona (mulher com cabeça de serpente, e presas de javali). A grande constante é o caráter híbrido, compósito, "ilógico", irreal... surrealista" desses seres, afirma Adélia Bezerra de Meneses *(apud* Meneses, 2002, p. 59-61).

tos transgeracionais e intergeracionais transmitidos por meio de identificações mórbidas, como também um trabalho de desidentificação para que pudesse nascer um psiquismo, buscando a representação, o sonhar. Só assim tem sido possível o alívio da angústia e as transformações psíquicas. Quando esses fenômenos adquiriram novo sentido no trabalho analítico, permitiram que os pacientes pudessem tomar posse da própria vida emocional.

Minhas experiências clínicas, juntamente com o estudo dos fenômenos transgeracionais, tiveram decorrências tanto na minha maneira de escutar e de intervir psicanaliticamente diante das angústias dos pacientes como me levaram a pensar sobre os aspectos transgeracionais presentes na transmissão da Psicanálise. Embora minha formação psicanalítica tenha sido marcadamente neokleiniana, não faltaram mestres que me proporcionaram espaços de reflexão, permitindo-me transitar por várias teorias, levando-me a fazer uma síntese pessoal durante o percurso de vir-a-ser psicanalista. O fato de eu ter realizado uma dissertação de mestrado[28] sobre a paixão de formar durante minha formação psicanalítica não só transformou minha visão de mundo como me alertou sobre o que seria uma verdadeira formação. Aprendi, com os professores apaixonados, que a paixão pela formação não está em formar discípulos, mas, sim, na capacidade não apenas de suportar como de se enriquecer com as diferenças (Silva, 1994). Foi assim que me fui tornando uma analista ecumênica, comungando com vários autores, transitando por vários grupos psicanalíticos, tendo sempre como norte a eterna busca pela compreensão da alma humana.

Além disso, acredito que uma formação levada rigorosamente a sério permitiu que eu internalizasse a postura psicanalítica. É esse rigor no enquadre interno que me permite trabalhar psicanaliticamente flexibilizando o enquadre externo, seja na intervenção preco-

28. *A paixão de formar: uma contribuição psicanalítica à psicologia da educação.* Tese de Mestrado em Psicologia da Educação na PUCSP, São Paulo, 1991.

ce na relação pais-bebê, seja no atendimento de famílias de pacientes psicóticos. Ou seja, o método psicanalítico mantém-se nos três *settings* — intervenção precoce, atendimento familiar e análise quatro vezes por semana. A intervenção psicanalítica está focalizada, nesses três *settings*, não em atender ao desejo do paciente, mas em considerá-lo, procurar dar um sentido para os elementos impensáveis, uma representação para aquilo que parece enigmático.

Nos três *settings,* que descrevo mais detalhadamente logo a seguir, foi possível deixar que surgisse o material inconsciente e transferencial, e uma escuta singular pôde tomá-los em consideração. O que é exigido ao máximo do analista é sua capacidade de continência para considerar aquilo que de fato é revelador, sem criar rupturas drásticas que possam impedir a elaboração e o contato com o sofrimento psíquico. Nem sempre o enquadre tradicional é o único para um funcionamento eficaz do método. É o que vou procurar ilustrar na descrição dos casos clínicos.

Os fenômenos transgeracionais apresentam uma característica dinâmica e estão presentes nos três casos que narro nos próximos capítulos, tanto no bebê muito precocemente como na paciente adulta e na adolescente, apontando para um fenômeno que está além de um quadro nosográfico psicanalítico.

É por meio da observação das modalidades transferenciais — pelas quais se repetem e se constituem as estruturas intrapsíquicas e intersubjetivas que predispuseram as formações da neurose, da psicose e mesmo os transtornos precoces de desenvolvimento — que pretendo investigar a herança psíquica na clínica psicanalítica.

Como se revelaram, nos casos narrados, os fenômenos transgeracionais? Como se transmitem e se organizam os objetos transgeracionais ou intergeracionais de uma geração para outra? Qual a possibilidade de intervir sobre as histórias que antecedem a vida do sujeito, se sobre elas ele irá se constituir? Ou, dito de outra forma, perante os mitos e narrativas familiares que produzem significação e identificação, haverá a possibilidade de um trabalho de interpretação por parte do indivíduo para a singularização de sua própria história? Qual será a relação desses aspectos para a construção ou não de um psiquismo?

Tendo apresentado o percurso profissional que me levou a essa investigação, o campo epistemológico e os autores com quem vou dialogar, privilegiando os mecanismos de identificação mórbida presentes nos fenômenos transgeracionais, passo a tratar, nos próximos capítulos, como os fenômenos transgeracionais se apresentaram em minha experiência analítica.

No Capítulo I, descrevo uma intervenção precoce realizada por meio de quatro consultas terapêuticas (Winnicott, 1971a) em função de um transtorno de sono em um bebê de um ano, Maria Clara.

O estudo clínico da psicopatologia do bebê é uma nova área que permite a compreensão das psicopatologias precoces atualizadas tanto no bebê como na sua relação com seus pais e possíveis intervenções que previnam o desencadeamento de transtornos mais graves de desenvolvimento. Nesse sentido, a intervenção precoce constitui um instrumento extremamente profilático. É realizada, geralmente, com dois ou mais terapeutas e dura em média quatro sessões.

As consultas terapêuticas visam à observação da interação mãe-bebê e, sempre que possível, com os outros membros da família, sobretudo o pai. Elas permitem que os pais falem sobre o bebê, sobre eles mesmos e sobre sua família, sobre seu passado e sobre a repetição das suas condutas. Procura-se colher a história do bebê desde o relacionamento de seus pais com seus próprios pais até a concepção, nascimento, desenvolvimento e seu sintoma. Busca-se o acesso às diferentes representações do bebê imaginário, fantasmático, cultural e real, que os genitores, em função de sua história, têm de seu pequeno filho (Lebovici, 1983, 1986, 1989a, 1989b, 1991, 1993b).

Observa-se a família por meio das interações que ocorrem nas consultas como um observador-investigador[29], nas quais o terapeuta

29. Refiro-me aqui à concepção psicanalítica de observação tal qual é preconizada por Esther Bick (1964), como também assinalou Bion (1967a, 1967b, 1970), uma observação a serviço da atenção, da receptividade, da abertura, da atuação aos pensamentos.

se mobiliza afetivamente e de maneira mais ativa a partir de um movimento empático, para que possa transformar o que sente e o que ressente em representações compartilhadas com a família e, a partir desse lugar, poder metaforizar. A relação empática que se estabelece permite que a narração e atos do terapeuta tenham um caráter metaforizante, de fazer-se compreender, já que carrega os afetos e metáforas relativas ao campo transferencial-contratransferencial da consulta. A esse processo, Lebovici chama de empatia metaforizante, ferramenta que embasa essa técnica de trabalho. Lebovici aponta que o lugar do terapeuta é o de co-criar, co-pensar, co-sentir e que leva da ação (as interações) ao pensamento e à ação (os assinalamentos interpretativos e os gestos do terapeuta). Do ato à narração com um sentido. Do desorganizado que o terapeuta sente em seu corpo para uma possibilidade de (nova) organização oferecida aos pais e ao bebê. Esse movimento é o do *enactment*, termo empregado também por cognitivistas, que significa tornar coerentes os afetos e sentimentos que nos afetam, dando-lhes um sentido por meio de uma atuação com nosso corpo. A tal estado de sentir e recriar com a família é que se busca chegar nas consultas, por meio do *enactment* e da empatia metaforizante (Lebovici, 1983, 1986, 1989a, 1989b, 1991, 1993b).

A consulta consiste, portanto, em uma observação pluridimensional que nos permite observar os sintomas do bebê e sua modalidade de funcionamento, os fenômenos de interação que caracterizam a relação bebê-mãe-pai-família, as características do entorno dos cuidados maternos, as personalidades da mãe, do pai, de sua família em seu conjunto e, finalmente, a dimensão sociocultural[30] (Lebovici e outros, 1998, p. 392).

30. O enquadre da etnopsicanálise, proposto por Marie-Rose Moro (1995, 1998), discípula de Lebovici, conta com a transferência positiva e com o dispositivo do grupo de terapeutas para facilitar o contato e a aliança terapêutica. Diante de uma família, portanto um grupo, a relação dual não faz sentido. Quando estamos diante de uma família de uma cultura diferente da dos terapeutas, incluir co-terapeutas da mesma cultura da família pode ser fundamental, não só para que a família se sinta mais acolhida, mas também para que possamos compreendê-la na sua especificidade mítica e cultural. Permite que a mãe tenha menos receio de falar de seus medos, não está só; o grupo a protege.

Além disso, sabemos que os laços parentais constituem o umbral a partir do qual se constrói o processo de subjetivação, a vida psíquica da criança, que, por sua vez, se constitui pela maneira com que os pais lançam seus cuidados a seu filho, para além da simples parentalidade biológica. O vir-a-ser pai ou mãe supõe o fato de reencontrar aquilo que tenha recebido de seus próprios pais e que o transmitirá a seus filhos. Quando encontramos perturbações ou carências nas relações entre a criança e seus pais durante os três primeiros anos de vida, existem fortes riscos de que se desenvolva uma patologia do processo de subjetivação na criança, que mais tarde demandará cuidados muitas vezes mais sérios. A abordagem da parentalidade, particularmente por meio da consulta terapêutica, permite uma intervenção capaz de mobilizar certos conflitos familiares que obstaculizam o desenvolvimento da criança e de relançar a dinâmica de mudança no seio da família (Solis, 2002).

Nesse primeiro caso, atendido no *setting* acima definido, descrevo como um bebê com transtorno de sono expressa uma patologia emocional fruto de uma transmissão de aspectos psíquicos inconscientes através das gerações. Durante as consultas terapêuticas, foi possível correlacionar a dificuldade de dormir de Maria Clara com a angústia da mãe para conter a dor de separações violentas e com o terrorífico medo de morte por parte do pai, terrores esses que podem ser identificados na história emocional que vem desde seus avós. Além disso, observou-se a introjeção conflituosa dos objetos primários dos pais, com fantasias edípicas e incestuosas não-elaboradas e impeditivas da constituição de um casal. Ao fim das quatro consultas terapêuticas, desvela-se que a menina-bebê é um receptáculo de todas essas identificações inconscientes dos pais e avós e tem como mandato transgeracional clarear (Clara = luz) o que ficou escuro na história de vida dos pais, deixando de ser, ela mesma, a depositária dos fantasmas ancestrais, permitindo seu desenvolvimento emocional e também dos outros membros da família. A discriminação das identificações projetivas dos pais sobre o bebê permitiu que ele pudesse ocupar o seu lugar na família, deixando de ser um *self* “sem berço”.

Essas consultas terapêuticas foram filmadas com o consentimento dos pais[31]. Conforme demonstram vários profissionais e pesquisadores, o registro fílmico e suas possibilidades de utilização e microanálise mostram-se de muito benefício no trabalho com intervenções precoces[32]. O fato de o vídeo produzir um registro que pode ser visto, revisto, visto conjuntamente, compartilhado, analisado minuciosamente, faz dele um instrumento potencial e sugestivo de elaboração mental.

A câmera é, com freqüência, nos *settings* terapêuticos, associada à intrusividade e à evocação de aspectos paranóides. Neste trabalho foi possível que a câmera criasse, em parceria com as terapeutas, um espaço de reflexão, de poder pensar sobre, que pôde ser gradualmente metabolizado, incorporado e estendido para outros momentos de convivência da família. O recurso do registro fílmico permitiu tanto aos terapeutas quanto à família que detalhes diluídos, ao serem redescobertos e revistos no filme, pudessem reconhecer dinâmicas emocionais subjacentes, nem sempre expressas conscientemente no discurso falado (Almeida, 1999).

Nossa experiência com esse atendimento nos fez pensar que, possivelmente, nosso papel de observadores participantes/terapeutas e observadora com a câmera (a princípio, representante pura da simples função de observar e registrar) tenha iniciado um processo de instauração de outras instâncias de entendimento e acolhimento de angústias que não a única praticada no vínculo mãe-bebê naquele momento.

No Capítulo II, descrevo o trabalho analítico com três pacientes adultas: Beatriz, Ana e Lia. Apresento a história clínica dessas pacien-

---

31. Foi dito aos pais que eles receberiam uma cópia do material filmado. A satisfação demonstrada por eles com essa notícia nos leva a pensar num interesse crescente, estimulado pelo trabalho terapêutico, a se ver, rever, conversar sobre suas imagens, suas edições e reedições, apropriar-se da matriz e criar novas montagens mentais.

32. A utilização da câmera de filmagem permite que o registro da sessão se dê de forma simultânea a sua realização; é um recurso proposto por Lebovici e amplamente utilizado pela Universidade Paris XIII, no Curso de Psicopatologia do Bebê, atualmente coordenado por Marie-Rose Moro, e nos atendimentos clínicos.

tes utilizando-me de algumas vinhetas de sessões em que os fenômenos transgeracionais se destacam e, ainda, discuto questões técnicas que se apresentaram nesse processo analítico.

Procuro apontar as identificações projetivas (intrusivas dos pais, em especial a mãe) presentes no mundo interno das pacientes e atualizadas na transferência, discriminando-as e desidentificando-as, permitindo que o mundo de fantasias pudesse surgir.

Descrevo que, na relação analítica com essas pacientes, pude observar como a identificação com um objeto materno indeterminado ou deprimido e/ou com um objeto paterno cruel, estabelece relações de objeto de mesmo caráter repetindo-se na relação transferencial analítica. Esse modelo de relação também apareceu na descrição de uma das pacientes em sua experiência de maternagem. Nesse caso, poderíamos pensar nesse objeto como um objeto intergeracional, que ocupava um espaço que era estranho à paciente, impedindo-a de ser ela mesma.

O resultado dessas identificações mórbidas, com aspectos intrusivos dos objetos parentais, impediram-nas de contar com um objeto interno bom e confiante, refletindo na relação analítica como desconfiança. Destaco que as vivências de falhas no *rêverie* materno[33], com a presença de identificações mórbidas, podem gerar um mundo interno vazio, um ego frágil, submisso a um superdesenvolvimento do superego que impede a capacidade de pensar, isto é, a

33. Falhas na apreensão da realidade interna e externa podem estar ligadas a falhas do vínculo com a mãe, no sentido de não compreender as comunicações do bebê, ou a fatores da parte do bebê (Bion, 1959a, p. 128-58). Podem existir variadas razões para um estado insatisfatório de *rêverie*: a) objeto externo inadequado: a mente da mãe pode de fato achar-se apinhada por outras preocupações e, dessa maneira, acha-se ausente para o bebê. Assim, a mente da mãe é o componente importante do mundo externo para o bebê; b) inveja: o bebê pode atacar a função continente da qual depende e, dessa maneira, restringir suas oportunidades introjetivas de um objeto bom e compreensivo; c) continente despojador: o bebê pode ter um componente de inveja muito forte, o qual, projetado no objeto, transforma-o em fantasia, num continente invejoso que priva de qualquer significado as projeções do bebê; d) projeções ilimitadas: a mãe pode ser um continente fraco para as projeções e entrar em colapso pela força das identificações projetivas onipotentes provindas do bebê. Se uma função limitadora suficiente achar-se presente, ela pode, por sua vez, conduzir a um aumento da inveja, com as conseqüências descritas em (b) e (c) (Hinshelwood, 1992, p. 464).

capacidade de fantasiar, representar, simbolizar as próprias experiências emocionais, necessitando do reasseguramento externo para a sobrevivência emocional. Suponho que, por não terem contado com o *rêverie* materno e não terem podido depender, elas construíram uma estrutura onipotente e controladora comandada pelo superego, subordinando o ego, impedindo o apreender com a experiência, a introjeção e representação de qualquer objeto bom. Procuro assinalar como as vivências de identificações mórbidas com partes intrusivas das figuras parentais impediram-nas de construir um psiquismo — resta um *self* habitado por outro.

No Capítulo III, descrevo o caso clínico de uma adolescente atendida num *setting* institucional, um hospital-dia[34]: o Instituto Therapon Adolescência[35], que atua com adolescentes, familiares, profissionais da educação e da saúde mental, no trabalho de recuperação psicológica e pedagógica e na reintegração social do jovem com transtornos emocionais graves.

O paciente que nos é encaminhado passa, inicialmente, por uma triagem, com os pais ou responsáveis, atendidos por uma dupla de terapeutas. Se o caso se adequa às nossas possibilidades de atendimento (patologias, faixa etária), o processo de triagem continua: o paciente passa por um período de experiência, freqüentando o Therapon durante uma ou duas semanas. Seu desejo de tratar-se em nossa instituição é fundamental para a continuidade do processo.

Em seguida, o caso é discutido por todos os técnicos[36] em reunião clínica. Discutimos a hipótese diagnóstica, avaliamos o prognóstico, especialmente a possibilidade de o paciente beneficiar-se com o tipo

34. O hospital-dia é o *setting* que oferece o manejo possível quando a mente entra em colapso até que o paciente possa ou não chegar às condições emocionais necessárias para um trabalho num *setting* tradicional.

35. O Instituto Therapon Adolescência, uma organização sem fins lucrativos, atende adolescentes de 12 a 24 anos. Situa-se na cidade de São Paulo e foi fundado em 1998. Segue o modelo do Hôpital de Jour — CEREP — Montsouris (Paris).

36. A equipe técnica do Instituto Therapon é formada por psicólogos, psicanalistas, psiquiatras, educadores e oficineiros especializados na área proposta pela oficina.

de tratamento que temos a oferecer, dentro de uma abordagem psicanalítica. Avaliamos também sua possibilidade de convivência (mínima) com o grupo de pacientes que já freqüenta a instituição e de participação nas oficinas terapêuticas. Quando necessário, ele pode passar a freqüentar a Escola Therapon em lugar de sua escola de origem, até que possa retornar a ela. Nesse ponto, esboçamos um projeto terapêutico mínimo, que será reavaliado sempre que se discutir o caso daquele paciente nas reuniões clínicas subseqüentes. Quando o caso é aceito, dois terapeutas são designados para ser a referência do paciente e de sua família na instituição. Semanalmente, durante as reuniões clínicas, avaliamos a evolução de cada caso, redirecionando o projeto terapêutico quando necessário. Discutimos a relação entre técnicos e pacientes e destes entre si, as transferências repartidas e repetidas, buscando uma compreensão mais refinada do caso, o que conduz a um aperfeiçoamento do projeto terapêutico, bem como do manejo[37] técnico no dia-a-dia (Minerbo e outros, 2002).

Os projetos terapêuticos são personalizados e construídos a partir de oficinas terapêuticas (artes, palavra, dança, costura, passeio, entre outras possíveis) e intervenções que façam sentido para cada um. A instituição oferece ao adolescente com transtornos emocionais graves a mesma possibilidade de expressão do inconsciente que o brincar representa para as crianças pequenas. Ela não só permite como encoraja a atuação no sentido teatral do termo, isto é, de colocar em cena concretamente a complexidade dos dramas emocionais. Assim, o adolescente dispõe tanto do ato quanto da palavra para se expressar segundo suas possibilidades. O olhar psicanalítico irá flagrar e responder a essa encenação, tecendo aos poucos o necessário trabalho de simbolização (Minerbo e outros, 2002).

37. "O manejo refere-se a um procedimento clínico necessário nos casos em que houve perturbações significativas nos estágios precoces do desenvolvimento. Nessas situações, mais do que o trabalho interpretativo é o manejo do *setting*, é o elemento que permite que surja a esperança de que o *self* verdadeiro possa correr o risco de existir" (Safra, 1999, p. 92).

A família é sempre incluída no tratamento como condição para aceitarmos o paciente. Os pais participam do grupo de pais e a família da terapia familiar[38]. A terapia familiar psicanalítica é conduzida pelos dois terapeutas responsáveis pelo caso. A freqüência (semanal, quinzenal, mensal) depende de cada caso, e a decisão é tomada em reunião clínica. O enfoque das intervenções familiares desenvolvidas no Instituto Therapon busca a compreensão do sintoma do adolescente sob a luz dos fenômenos transgeracionais e procura estimular os processos de subjetivação, entendidos como a descoberta de novas possibilidades existenciais para os familiares, ajudando-os na negociação cotidiana de seus problemas. A proposta, igualmente, enfatiza a importância de mobilizar os talentos e os recursos dos adolescentes, no sentido de possibilitar a sua participação ativa no processo de inclusão social.

A família, como matriz intersubjetiva do nascimento da vida psíquica, é particularmente solicitada nessa investigação, pela passagem obrigatória da transmissão da vida psíquica entre gerações. Nesse sentido, estou privilegiando, neste capítulo, os relatos dos atendimentos familiares em que é possível observar um objeto transgeracional que atravessa pelo menos três gerações.

Narro, então, neste capítulo, a história clínica de uma adolescente, que denominei Renata, com um quadro psicótico — um *self* parasitado por outrem. Descrevo suas relações com os outros pacientes e técnicos e apresento vinhetas clínicas dos atendimentos familiares[39]. Durante esses atendimentos, por meio de intervenções, cuidado-

38. Os trabalhos baseados na prática das terapias familiares, embora ainda situados fora dos muros da psicanálise, permitiram identificar os processos e as formações psíquicas implicados nas noções de transmissão transgeracional e colocá-los à prova no terreno das práticas grupais (Kaës, 1993a, p.15). A situação familiar grupal constitui-se um cenário para o desenvolvimento desses processos de identificação a serem apreendidos por meio dos efeitos de comunicação intersubjetiva e transubjetiva.

39. O atendimento de famílias de pacientes psicóticos é carregado de um discurso sem representação, frases entrecortadas, diálogos com uma seqüência de idéias que carecem de sentido, o que exige dos terapeutas um intenso trabalho de digestão, discriminação e elaboração. Em função disso, torna-se condição fundamental a presença de dois terapeutas e, às vezes, até mais de dois, para desenvolver esse trabalho. E, ainda, a importância de se ter

sas e delicadas, fomos, muito lentamente, reconstruindo a história do sintoma da paciente. Foi possível observar, nos relatos, como um objeto transgeracional parasita sua mente, ou melhor, sua não-mente, por meio de mecanismos de identificação mórbidas presentes nas relações da avó e da mãe, promovendo confusão, despersonalização, ausência de si, agonia permanente, anulando a possibilidade de Renata existir com um psiquismo próprio. Evidenciou-se a transmissão transgeracional de um mandato, aquele da repressão da sexualidade, em que nenhuma mulher pode "saber", ser capaz ... O sintoma de Renata é fruto da tirania inconsciente de sua avó de manter as outras gerações insanas, fora da realidade e assexuadas.

Assim, seguindo o fio das origens, que às vezes vai contra a corrente e outras vezes segue com a corrente; seguindo o faro da intuição combinada do individual e do universal; tentando o novo sem cair no falso, o verdadeiro sem cair no velho, aspiro a uma compreensão que permita uma visão mais ampla e aguda, que de repente, após as inevitáveis buscas, permita, enfim, entender o que, à primeira vista, pareceria banal ou sem sentido.

Os elementos psíquicos inconscientes, transmitidos por meio de complexos mecanismos de identificação entre os avós, os pais e o filho, poderão ser observados nos próximos capítulos, ou seja, nas situações afetivas entre os pais e o bebê, muito precocemente, como descrevo no primeiro caso; nas falhas da constituição do *self,* gerando sintomas neuróticos com atividade psicótica, como aponto nos casos do segundo capítulo; e nas situações impeditivas da existência de um psiquismo, na psicose, no terceiro caso. Em todas essas situações, é possível observar identificações mórbidas, seqüelas de duplas mensagens, mensagens não-verbais ou infraverbais, resultado de pactos inconscientes.

---

cuidado, por parte dos terapeutas, ao se revelar e dar sentido a tudo aquilo que vem sendo mantido nos bastidores psíquicos por tantas gerações e que podem levar à ruptura do contato com o sofrimento psíquico, e conseqüentemente, do tratamento.

Por fim, na conclusão em aberto, apresento algumas reflexões do que pude aprender sobre os fenômenos transgeracionais trabalhando com esses pacientes em três *settings* distintos. Aponto como a descoberta desses fenômenos transformadores e reveladores de uma dimensão histórica do ser humano são enriquecedores para a compreensão do sofrimento psíquico, pois se torna possível integrar, na vida mental dos pacientes, seus aspectos secretos, ocultos, enigmáticos ou sem representação psíquica. Chamo a atenção para as identificações mórbidas que podem habitar ou parasitar o *self*, impedindo ou interditando a constituição de uma estrutura psíquica própria e autônoma, e que demandam uma intervenção psicanalítica que leve o sujeito a poder desidentificar-se para que o brincar e o sonhar ocupem seu lugar. Com relação à transmissão da psicanálise, discuto a importância de se considerarem os fenômenos transgeracionais transmitidos na formação psicanalítica em que a desidentificação dos pais-mestres-analistas se faz necessária para o vir-a-ser verdadeiramente psicanalista. Em busca da compreensão da alma humana, destaco a importância de se ter uma experiência clínica diversificada, incluindo o trabalho com a psicose como mais um ingrediente essencial da formação psicanalítica.

Capítulo I

Um *self* "sem berço"

... I once said: "there is no such thing
as an infant", meaning,
of course, that whenever one finds an infant
one finds maternal care,
and without maternal care,
there would be no infant [40].
Winnicott, 1960c, p. 586.

Maria Clara tinha um ano de idade quando foi encaminhada para consultas terapêuticas pela pediatra por causa da sua grande dificuldade em dormir. Veio acompanhada de sua mãe, enfermeira, com 29 anos; seu pai, funcionário público, com 32 anos; e de sua irmã, N., de 11 anos.

Foi realizada uma intervenção precoce, com quatro sessões, utilizando-se o modelo de consultas terapêuticas[41] (Winnicott, 1965b, 1971a; Lebovici, 1986, 1991). A primeira consulta girou em torno da

40. "Uma vez eu disse: Não há uma coisa como um bebê, isto significa, é claro, que sempre que se encontra um bebê se encontra os cuidados maternos, e sem os cuidados maternos não haveria um bebê" (Winnicott, 1960c, p. 586).

41. Esse atendimento foi realizado por Maria Cecília Pereira da Silva, Magaly Marconato e Mariângela Mendes de Almeida (vídeo).

investigação sobre o sintoma de Maria Clara. As terapeutas procuraram ouvir a queixa e detiveram-se cuidadosamente sobre ela.

Sua mãe alega que, desde o início, ela vem apresentando um sono agitado, com várias interrupções durante a noite. Quando acorda, agita-se, chora, pedindo a atenção de sua mãe. Geralmente, só se acalma quando lhe é oferecido o seio. Há também a suspeita de que Maria Clara sofra de cólicas e, até seus quatro meses de idade, seus pais não sabiam o que fazer. O casal relata ter feito "de tudo" para ajudar o bebê: carinhos, remédios, até mesmo benzer[42], porém nada disso adiantou.

O sono agitado de Maria Clara, que impede seus pais de dormir, é totalmente associado ao de sua irmã, que também apresentou sérios problemas de sono até os três anos de idade. O pai de Maria Clara, principalmente, temia ter um novo bebê, pois imaginava que o mesmo problema viria a ocorrer. Eles dizem[43]:

Mãe *— A Maria Clara — eu acho que já vem também desde a N. com o mesmo problema — não dorme legal à noite. Eu achava que era até a amamentação. Eu amamento à noite. Eu achava que era isso, mas a N. eu não amamentei à noite. A N., eu amamentei até dois meses. Então, eu não sei se é a mesma doença. Agora, eu não sei também se é de mim: chorou, eu já fico superaflita.*

Pai *— Mas, comparando com outras crianças, com outros casais, você percebe que ela dorme muito menos. Ela dorme todos os dias depois da meia-noite e, às seis e meia da manhã, já acordou. Mas, entre meia-noite e seis e meia, ela acorda várias vezes. E isso acontecia também com a N.*

42. O benzer tem um caráter transcultural de proteção ao bebê, embora não tenha surtido nenhum efeito nesse caso.

43. As falas dos pais foram transcritas na íntegra.

***Al** — E, quando ela acorda, o que ela faz?*

***Pai** — Quando ela acorda? Ela tem de mamar, ela vai para o peito. E isso acontecia com a N., mesmo sem o peito. Ela usava mamadeira. Tanto é que a diferença de idade é reflexo disso, é trauma. A gente não consegue dormir... E acabou dando essa diferença, porque não foi planejada, aconteceu. A N. já estava cobrando; então, veio na hora certa, mas a diferença é de quase dez anos.*

***Mãe** — Eu não queria mais. Eu acho que me deu trauma da N., de não dormir, da impaciência dela. Eu trabalhava e falava: "Não quero mais filho. Filho eu não quero mais". E aí saiu uma parecidíssima, o mesmo estilo. (...)*

***Pai** — Ela tomou todos os remédios imagináveis para cólica e depois partimos para a benzedeira.*

***Mãe** — A gente já foi em homeopata, na época da cólica dela. Tudo que falavam, a gente tentava. Quando passou a cólica, ficou a choradeira.*

Por quase dez anos, eles não eram receptivos à idéia de um novo bebê. Quando se casaram, a mãe de Maria Clara já estava grávida de N., e ambos, jovens, se sentiram muito solicitados, percebendo que teriam de assumir uma enorme responsabilidade a partir daquele momento. O pai tinha, na ocasião, 22 anos, e a mãe, 19. O nascimento de Maria Clara, assim como o de sua irmã, não foi planejado.

Os pais de Maria Clara vêm de uma família numerosa, ambos com sete irmãos. A mãe é a caçula, e o pai, o primogênito. O pai reclama pelo fato de ter sido o primeiro filho, pois teve de cuidar de seus irmãos até os 14 anos de idade. A partir daí, começou a trabalhar fora para ajudar financeiramente a família. Tanto seus avós maternos quanto os paternos estão vivos, tendo Maria Clara muito contato com seus avós paternos, uma vez que moram próximo de sua casa. Seus avós maternos, atualmente, residem no interior.

A mãe sempre trabalhou o dia todo. Na gravidez de Maria Clara, trabalhou até o oitavo mês e retornou quando ela tinha oito meses. Ficou grávida na ocasião em que a família se mudara para uma nova casa, realizando, com isso, um grande desejo, pois dizia só querer ter um novo bebê quando tivesse sua casa própria.

***Mãe** — Trabalhava na Alameda X, morando na zona oposta, e trabalhar lá era complicado. Trabalhei até os oito meses de gravidez e depois parei. No princípio, também eu logo comprei uma casa, mudei; eu não sabia que estava grávida.*

***Pai** — É uma coisa superinteressante: ela estava sempre postergando para ter filho. A N. cobrando; ela já estava pensando em mandar a N. para uma terapia, porque a N. cobrava muito. Ela não queria ter filho. E ela falava assim: "Não, só quando comprar uma casa". Eu tenho a impressão, que ela mudou e já estava grávida quando assinei o contrato (todos falam junto).*

***Mãe** — Eu já mudei grávida; eu nem sabia que estava grávida. Trabalhei pra caramba na mudança e nem sabia que estava grávida. A minha vizinha perguntou: "Você tem só ela? Ah, só ela e não quero ter outro?". E, depois de um mês, estava grávida. Tive até de chamar a vizinha e dizer: "Olha, estou grávida", senão ela ia pensar que eu menti para ela. Mas não era isso. Eu não sabia que estava grávida dela. Eu sempre falava — a minha mãe até sempre comenta —, é superengraçado, eu sempre disse que, se era para ter filho, eu ia ter quando já tivesse a minha casa, estivesse já estabilizada. Foi muito engraçado.*

Os pais relatam como não havia disponibilidade, espaço emocional, para outro filho. A experiência com N. não tinha sido reasseguradora. O lugar de Maria Clara na família não estava dado.

Nesse momento, Maria Clara olha para sua mãe e comunica-se reafirmando sua existência.

A mãe contratou uma empregada, que cuida, principalmente, de Maria Clara, e também conta com o auxílio de sua sogra durante o período em que está ausente, especialmente durante as refeições. À noite, ainda a amamenta. Toda a família, desde o nascimento de Maria Clara, dorme no mesmo quarto: o pai com a filha mais velha em uma cama e a mãe com o bebê em outra.

Nossa investigação prosseguiu no sentido de compreender a rotina da hora de dormir e da amamentação.

Mãe — *Como eu amamento à noite, eu costumo dar de mamar para ela antes de ela dormir. Aí, ela mama e dorme. E ela costuma acordar às vezes. Quando ela era menor, por ela acordar chorando e eu querer dormir, eu dava o peito para ela e era a forma de ela pegar, mamar um pouquinho e dormir mais uma hora, depois acordar novamente... Então, eu me habituei a esse estilo. E, agora, é mais complicado. Só que agora eu já não dou mais de mamar, como eu dava antes. Tanto que ela nem quer. Ela acorda e nem quer mais o peito, como pegava antigamente. E ela continua acordando do mesmo jeito. E acorda e levanta. Ela levanta; chega a sair da posição em que estava. (...)*

Mãe — *O que ela acha que é dela, ninguém pega, ninguém toma. E de dia, também, é a mesma coisa, tanto na minha casa como quando fica na minha sogra. É isso... Então, é superengraçada essa agitação dela — por tão pouco dormir no meio do dia, como tão pouco dormir também à noite. Se dormisse bem de dia, daí eu falava: "Dormiu muito no meio do dia e à noite está descansada".*

A1 — *Mas ela acorda chorando? Ela dorme no quarto dela? Como é?*

Mãe — *Não, ela tem o quarto dela, mas ela dorme comigo, porque, se ela chora, eu tenho de ir lá pegá-la. Aí, é pior ainda, porque eu* *tenho de me deslocar de um quarto para o outro; aí acordo, levanto... Eu acho que a situação é mais complicada. A pediatra já falou para colocar no quarto dela. Eu já fiz um teste, não consegui. E aí voltou a dormir... Ela dorme comigo, e ela (N.) dorme com ele.*

A2 *— No outro quarto?*

Mãe *— No mesmo quarto.*

Há algo de interditado e de enigmático nesse relato (dormirem no mesmo quarto) que, contratransferencialmente, não pude registrar, embora tivesse sido dito com todas as letras nessa sessão. Mas foi só na segunda consulta que pudemos investigar e compreender o que isso representava.

Procuramos, ainda nessa consulta, investigar, no imaginário dos pais, as fantasias e expectativas em relação a essa filha, verificando como se deu a escolha de seu nome, o desejo de ter uma menina ou menino.

A1 *— Como vocês a chamaram de Maria Clara?*

Mãe *— A gente ficou entre Maria Clara e Júlia... mas por que veio o nome de Maria Clara?*
Pai *— Desde a N., a gente pensou no nome de Maria Clara. Mas todo mundo falou: "Mas você vai colocar Maria na sua filha? É um nome que está desatualizado, não é muito usual". Agora, o pessoal está começando a usar Maria Clara, Maria Luiza...*

A2 *— Mas, então, vinha desde a época da N.?*

Pai *— Desde a época da N.*

Mãe *— Foi. Inclusive, na época da N., o nome da N. a gente escolheu assim... A gente achava que era menino até o último instante. A* *gente escolheu muito nome de menino e não deu para ver no ultra-som. A gente escolheu N. Depois da N., o próximo... Eu adoro o nome de Maria. Vamos pôr Maria alguma coisa.*

***A1** — Você gosta?*

***Mãe** — Ah, eu gosto. E acabamos colocando Maria Clara. Eu acho claro, assim, bonito.*

***A1** — E vocês tinham a expectativa de ter um menino?*

***Pai** — Olha, eu preferia menina.*

***Mãe** — Eu achava que ia ser menino. Mas, depois, veio uma menina e nós ficamos felizes, porque eu estava acostumada com o ritmo da N. também.*

O pai mostrou-se muito ansioso e pouco disponível emocionalmente diante das dificuldades de Maria Clara para dormir. Mostrou dificuldade em poder compreender e significar o sintoma. O fato de ser o filho mais velho e de ter tido muitos irmãos, e com isso a demanda de que cuidasse deles, exigiu que esse pai, muito precocemente, desempenhasse a função paterna, situação que ainda não digeriu. Suas filhas chegaram sem ser planejadas e parece que foram recebidas por um pai que não estava preparado. Essa angústia diante do desespero de viver a repetição do trauma infantil e de não poder dar conta de ser um bom pai levou-o a realizar uma vasectomia imediatamente após o nascimento de Maria Clara. Essas características indicaram, para nós, a dificuldade do pai em poder exercer a função paterna e ocupar o lugar de pai, como mostra o diálogo que se segue:

***Pai** — Meus e delas. Eu tenho bastantes irmãos, e ela também. Aí, eu acho que você vê tudo isso e fala: "Nossa, como é difícil! Tanta* *gente! Vamos cortar aquilo, só um pouquinho, só um". Tanto que eu queria fazer vasectomia antes do parto, e ela não deixou.*

***Mãe** — Dez dias de nascida, e ele já queria fazer vasectomia! Depois dela.*

***Pai** — O médico falou: "Não, você é louco!" Porque, depois de nove anos eu ainda lembrava das noites sem dormir! Aí, ele disse: "Não, espera. Calma! Você não sabe o que vai acontecer". Nasceu. Na outra semana, eu fiz vasectomia.*

***A2** — Então, durou muito essa questão da N.?*

***Pai** — Da N. era assim: eu comparava com as pessoas da minha empresa. Eu falava: "A minha filha não dorme; eu não consigo trabalhar direito, estou com muito sono". Eles diziam: "É só até os três meses". Isso durou até os três anos, chorando.*

A angústia da mãe de não poder suportar e conter o choro, o desconforto do bebê, denunciou-se durante essa consulta:

***Mãe** — Eu acho que poderia mudar um pouco também o estilo dela. Insistir um pouco, deixar ela dormir sozinha antes. Eu não faço isso, não consigo fazer isso. Eu acho que deixar ela chorando, como a pediatra fala — tem de deixar ela chorando um pouquinho no quarto —, o quarto dela está superconfortável, a gente decorou, tem tudo para ela estar legal lá. O conforto é muito bom, mas eu acho que, se ela chorar. Eu tenho de pegar. Eu não vou deixar ela chorar. Sabe, não adianta, eu não consigo ver minha filha chorando. Chorou, eu acho que tem de pegar.*

Nesaa consulta, Maria Clara chora para mamar no peito. A mãe tenta oferecer a mamadeira, mas ela não aceita e continua chorando, pedindo o seio, ao que a mãe se dá por vencida. O choro foi aplacado rapidamente.

Ficou-nos uma questão para investigar: essa angústia de não suportar o choro teria alguma relação com vivências penosas experimentadas anteriormente pela mãe de Maria Clara?

N. estuda e, eventualmente, faz fotos de publicidade; é modelo. Pedia muito um irmão, parecia querer uma família maior, assim como a de seus pais. Sua forte insistência em não ser filha única fez com que seus pais procurassem uma terapia para auxiliá-la. No entanto, foi nessa época que sua mãe se surpreendeu com a gravidez de Maria Clara, desistindo da idéia do tratamento.

Pudemos observar que N. estabelece uma relação de apego com a irmã, exerce uma função maternal, como o pai com os próprios irmãos. Ao mesmo tempo, também pudemos perceber que os pais se mostraram capazes e competentes. A mãe muda seus movimentos no contato com Maria Clara durante essa consulta.

Nas entrelinhas do discurso dos pais, fomos escutando a vulnerabilidade da função materna e paterna. A preocupação com o outro, com o que o outro vai pensar, até diante da escolha do nome do bebê, o que nos foi indicando a falta de segurança no desempenho dessas funções. Como apontam as falas seguintes:

***Pai** — No começo, como ela chorava com muita intensidade, atrapalhava muito, acordava até os vizinhos. As casas são geminadas; então, eles comentavam: "Puxa, a sua filha chora a noite inteira?". As pessoas começavam a falar: "Não, tem de benzer essa menina. Tem de levar para benzer". Eu, particularmente, sou contra, mas até que conseguiram levar: a irmã, a tia, outro fala, e levaram a menina para benzer porque, ela chorava muito e não conseguia dormir. Alguma coisa estava errada com essa menina... (...)*

***Mãe** — É porque agora o meu tempo ficou mais dividido. Eu tenho tempo para ela. Antes, eu trabalhava de sábado também. Agora não; eu tenho tempo suficiente. O horário em que eu trabalho é um horário bom. É um horário em que todo mundo está no ritmo. É ruim você se* *sentir fora dele. Todo mundo fica com os filhos, as pessoas curtem os filhos e você não tem um tempo, porque você está diferente dos outros, o seu ritmo é outro. Agora eu acho que estou mais no ritmo de uma vida normal, que todo mundo costuma levar. Eu participo mais, eu acho. Eu participo mais da vida delas agora, do que quando a N. era bebê. Eu acho que participava bem menos. Se tivesse de ir ao pediatra, alguém levava, se tivesse de ir a não sei aonde, alguém tem de levar, tomar vacina, nem eu tinha tempo de levar à pediatra. Então, agora é diferente. Se ela tem de tomar vacina, eu levo. (...)*

Pai *— O medo maior era assim: "E quando ela crescer com o nome de Maria, será que... (...)*

Mãe *— Será que vão fazer críticas?*

Pai *— Será que não é muito velho esse nome? Será que não está fora de moda? Essa era a preocupação.*

Nessa consulta havia muita ansiedade presente, embora ainda não reconhecida e nomeada por eles e por nós. No entanto, várias hipóteses foram levantadas. Pudemos perceber um aspecto ansiógeno do pai em relação a Maria Clara: seria o de cumprir um mandato no que diz respeito ao cuidar do outro em primeiro lugar? O fato de o pai ter sido o primeiro numa família de oito filhos, com a tarefa de auxiliar a mãe no cuidado dos irmãos, fez com que, no seu imaginário, não houvesse lugar para muitos filhos, pela demanda que eles poderiam requisitar e o medo de não ter mais capacidade de cuidar.

A mãe de Maria Clara participa de forma submissa nessa relação. Como hipótese, seria possível pensar que ela ainda não está separada de seu bebê, tendo muito prazer em estar ainda ligada a esta criança; que não houve interdição do pai na relação mãe-bebê; ou que poderia estar identificada com o bebê no lugar da caçula, quando recebeu muitos cuidados maternos e fraternos.

Há também que se considerar que não existe um casal; há um amontoado de pessoas, que dormem todos num mesmo quarto. A casa mental é como um *loft*, sem paredes. Isso indica a impossibilidade de elaboração edípica, de suportar a exclusão e, portanto, de excluir as filhas do quarto do casal.

As dificuldades relativas à função paterna e materna ficaram evidentes nessa primeira consulta, o que nos levou a mudar o posicionamento físico na sala de atendimento, proporcionando um *holding* físico à família.

O dado de que todos dormiam no mesmo quarto, embora tenha sido dito com todas as letras durante a primeira consulta, não ficou presente para mim, talvez porque estivesse mais mobilizada em verificar se o sintoma de Maria Clara estava relacionado ou não com o fato de ela ter sido desejada, se os pais prefeririam um menino a ela, se a mãe havia vivido uma depressão pós-parto, se havia indícios de angústias ligadas à separação da mãe com o seu retorno ao trabalho, ou se estivesse justamente aí um enigma a ser desvendado para ser representado. Essas questões precisariam ser esclarecidas para que as hipóteses relacionadas com as angústias mais evidentes dos pais, descritas acima, pudessem ser investigadas na próxima consulta.

Na segunda consulta, a mãe relata que já não é necessário amamentá-la. Quando ela acorda, muitas vezes percebe que a menina se acalma pelo contato físico ou sua presença, pois a mãe deve manter-se olhando para ela.

Ao investigarmos sobre a divisão da casa, a mãe conta-nos que a casa tem dois quartos e que, no seu quarto, dormem os quatro.

Mãe — *A gente tem dois quartos e, no meu quarto, eu coloquei uma cama de casal para eles dois dormirem. Eu estava dormindo na caminha da N. que estava no meu quarto, mas estava muito apertada. Aí, eu coloquei um colchão grande de casal no carpete e durmo com ela (Maria Clara) no chão.*

***A1** — E por que que a N. não dorme no quarto dela, na cama dela?*

***Mãe** — Porque ele (pai) não deixa.*

***Pai** — Não. Se ela for dormir no outro quarto, ela vai dormir com você, e (referindo-se à mãe) você vai dormir com ela. Na realidade, estamos dormindo todos no mesmo quarto. Antes não dava porque ela (Maria Clara) chorava muito. Porque nesse quarto fica todo mundo na TV.*

***Mãe** — Eu queria tirar a TV. Ele acha que não.*

***A2** — Mas eu não entendi. Se a Maria Clara fica com você no outro quarto, ele não quer por quê?*

***Mãe** — Ele fica sem eu lá. Por mais que eu não estou dormindo com ele na cama, ele acha que tem de ter a minha presença, da N. e da Maria Clara.*

***Pai** — Porque já estava quase um ano ela dormindo no outro quarto. Poxa, tem de mudar, tem de colocar essas meninas no outro quarto. É, tá na hora já, um ano...*

***A1** — Mas por que a N. não dorme sozinha no quarto dela?*

***Pai** — Ela, às vezes, dorme.*

***Mãe** — É muito difícil ela dormir.*

***N.** — Ele não deixa.*

***A1** — Como assim ele não deixa? Me explica melhor...*

***N.** — Eu acho que ele tem medo de dormir sozinho...*

De fato, essa história de dormirem os quatro no mesmo quarto condensava uma série de significados emocionais não-representados. Os medos do pai foram ficando evidentes. Ele tem medo de dormir sozinho, não consegue ficar sozinho em lugar nenhum, mesmo quando está acordado.

Pai — *Não, pensa bem: se ela for dormir no outro quarto, primeiro eu falo para ela que eu detesto dormir sozinho entre quatro paredes, eu não consigo ficar sozinho em lugar nenhum, mesmo quando eu estou acordado, não estou dormindo, eu não consigo. Já aconteceu de elas viajarem, as duas viajam, eu vou dormir na casa da minha mãe, eu não fico sozinho nem a pau, só uma coisa assim, mas eu não consigo dormir sozinho em casa nem a pau, sabe ficar sozinho... em lugar nenhum. Mesmo na minha empresa, eu não consigo ficar trabalhando sozinho em uma sala. Eu sempre fico onde está todo mundo trabalhando.*

Mãe — *E é isso que leva a N. a dormir com ele.*

Pai — *E a N. acaba dormindo comigo quando ela (referindo-se a mãe) dorme no outro.*

A1 — *Sim, mas agora vocês estão dormindo os quatro juntos, mais a TV.*

Pai — *É porque a TV dela queimou.*

A1 — *É, mas ela pode assistir TV no seu quarto e, depois ir para a cama dela. Você tem um quarto seu, não é, N.?*

N. — *É.*

Mãe — *Arrumadinho, superdecorado, superbonitinho.*

***A1** — E você não vai...*

***N.** — É ele. Não consegue ficar sozinho.*

***A1** — E você põe o seu pai para dormir .É isso?*

***N.** confirma, e todos riem. (...)*

***Pai** — Em casa, ia dormir todo mundo, e rolavam aqueles papos até tarde. Sempre foi assim; então, eu me acostumei, não consigo ficar em lugar nenhum sozinho.*

***Mãe** —A TV, ele deixa ligada. Ele vira, dorme, aí eu tenho de levantar e desligar, porque. se eu desligar a TV, ele não dorme, ele precisa ter algum som para ele dormir. É, eu já não consigo ouvir o som e dormir. Se eu ouço a TV eu tenho de ficar acordada e assistindo, porque eu estou atenta ao que está passando na TV. Eu fico ligada. Se passa uma entrevista já estou desperta. Ele já não, é o contrário; ele tem de dormir com a TV; então, assim, eu quero desligar a TV; ele não quer deixar.*

***Pai** — Isso, tanto é, eu não sei até que ponto isso pode atrapalhar ou ajudar, mas eu consigo dormir em festa.*

***A2** — Quer dizer, com bastante agito ele dorme.*

***Pai** — Pelo fato de estudar à noite, está todo mundo trabalhando, aí está chegando o horário do almoço e, quando eu percebo, não tem mais ninguém... Sinto medo...*

A situação incestuosa também está presente, e a mãe queixa-se — “Eu acordo no meio da noite e olho. Ela (N.) está abraçadinha com ele, e ele está abraçadinho com ela (N.)”.

No início, os membros da família foram descritos como todos sendo agitados. Aos poucos, fomos fazendo essa discriminação das pessoas da família e pudemos apontar que o pai é quem necessita dessa agitação para acalmar seus medos.

***A1** — Mas olha que interessante: você (mãe) falou que você era mais agitada que ele.*

***Mãe** — Você começa a ver que não é, né?*

***A1** — E você (pai) está contando que a agitação, para você, à sua volta é muito importante.*

***Pai** — É muito importante. Tanto é que, quando eu me casei, foi uma situação completamente estranha. Assim: nós fomos passar uma semana na praia; no segundo dia, eu queria voltar. Eu não conseguia mais ficar lá.*

***Mãe** — Na lua-de-mel, ele não queria ficar. Não conseguimos ficar a dois lá.*

***Pai** — Eu não consigo ficar muito tempo longe das pessoas. Eu tinha vontade de voltar.*

***Mãe** — Eu fiquei até meio chocada com ele. Será que é porque a gente casou? A gente se gostava, não é porque eu fiquei grávida que a gente se casou. A gente se casou porque a gente já estava planejando se casar, entendeu?*

***Pai** — Na outra consulta, o que ela disse: "Nós não ficamos em casa, ele não consegue". Eu não consigo ficar em casa no fim de semana, os quatro.*

Mãe — *E nem me deixar. Aonde ele vai, eu tenho de ir.*

Pai — *Eu tenho de sair, eu tenho de ir para algum lugar, ter contato com pessoas.*

N. — *E eu sempre tenho de ir junto com ele.*

Pai — *Não consigo ficar muito tempo longe das pessoas.*

A2 — *Eu estou entendendo melhor o que vocês estão dizendo: que elas são parecidas na agitação, porque isso acontece desde que vocês se casaram. Também era essa a situação quando ela nasceu.*

Pai — *Eu não consigo, assim, fazer um churrasco de quatro pessoas.*

Mãe — *Ele não consegue ir na casa da minha mãe. Tem minha mãe e meu pai, e meu pai é doente e minha mãe, tudo bem. Ele chega lá e olha para todo mundo, assim coisa tipo mais calma...*

Pai — *Eu não consigo, assim, ficar quatro dias.*

Mãe — *Ele fica um dia e no outro dia ele inventa à noite de sair. Minha mãe faz almoço, e ele quer ir almoçar fora, ele não quer almoçar na minha mãe, ele não quer jantar na minha mãe, ele não quer tomar um lanche na minha mãe, porque é tudo muito parado, porque são pessoas de idade... e eu acabo entrando no ritmo dele, né... Vou indo. Hoje mesmo eu queria ficar em casa, porque a hora era só meio-dia e meia, eu queria ficar em casa até ele chegar, eu vou depois, e ele: "Vamos, vamos, vamos...!". Ele ficou insistindo: "Vamos comigo, vamos comigo!". Eu tive de ir com ele. Não que eu tive de ir com ele; eu fui também para fazer companhia.*

N. — *Porque ele não consegue ficar sozinho muito tempo.*

Também pudemos assinalar que a N. às vezes não tem vontade de acompanhar o pai o tempo todo só porque ele não gosta de sair sozinho, embora ela nunca consiga dizer isso.

A1 — *E aí, N., como é que é para você isso? Você não consegue nunca dizer que você não quer? O que acontece se você falar: "Pai, hoje eu não estou com vontade". O que vai acontecer?*

N. — *Mas o meu pai fala assim: "Vamos, né?". E minha mãe fala: "Vamos aí..." Um contra dois, né?*

A2 — *Tem uma aliança aí!*

Pai — *Na verdade, eu acho que todo mundo gosta de sair.*

A2 — *Você quer que goste...*

A1 — *Olha (pai), mas ela está falando que às vezes ela não tem vontade de ir. Embora ela nunca te diga. Ela está contando que você (pai) não gosta de sair sozinho; então, ela vai com você.*

Pai — *Você (N.) vai começar a ficar sozinha... hein?*

Nesse momento, o pai mostra o seu lado ameaçador, e a mãe denuncia: "É o que ele faz, ele ameaça e cumpre, ele é uma pessoa assim: o que ele falar ele cumpre...".

A dificuldade de dormir de Maria Clara proporciona condições para que este pai submeta toda a família (esposa e filhas) a empatizar consigo no que diz respeit o a ficar sozinho, impondo que todos durmam no mesmo quarto, ou seja, o sintoma do pai fica camuflado e a dificuldade de Maria Clara fica supervalorizada. Provavelmente, questões referentes à sexualidade do casal estão em jogo.

Aos poucos pudemos relacionar os medos do pai a fantasias associadas a morte dos irmãos, conflitos sexuais, de abuso sexual e a fantasias da cena primária, e, ainda, a noção de indiscriminação de papéis, o porquê desse amontoado de pessoas.

Ele nos conta que, desde pequeno, ele tem medo, mesmo quando dormia no quarto com os irmãos e um primo que morava com eles. Ele escutava um som de alguém batendo na parede, ouvia alguns barulhos estranhos.

A2 — *De onde veio isso? Desde pequeno...*

Mãe — *Ele tem uma passagem também, que você me conta, que um casal comenta um com o outro, eu não sei a idade que você tinha quando você dormia nesse quarto com os irmãos, inclusive um primo que morava com eles também dormia lá. Ele escutava um som de alguém batendo na parede...*

Pai — *Eu conto para ela assim: que eu ouvia alguns barulhos estranhos, mas não sentia tanto medo pelo fato de meus irmãos estarem lá.*

A2 — *Tinha muita gente no quarto?*

Pai — *Tinha, tinha sim, meus irmãos.*

A2 — *E o pai e a mãe.*

Pai — *Eles dormiam em outro quarto!*

A2 — *Ah, vocês dormiam num quarto, e o pai e a mãe em outro.*

Pai — *Isso.*

A2 — *Próximos?*

Pai — *Próximos.*

A2 — *E você fica atento ao barulho?*

Pai — *Ficava atento ao barulho que sempre incomodava, era sempre o mesmo barulho, e isso eu comentei com ela que achava esse barulho estranho e que aconteceu um lance estranho que não era só nesse quarto. Já aconteceu de eu dormir em outro lugar, e esse mesmo barulho incomodar.*

A1 — *Você sabe como é esse barulho?*

Pai — *Sei, é bater na parede e dá a impressão de estar rolando uma bola de boliche, uma bola de ferro bem pesada, e já aconteceu de, quando eu fui morar com ela em outra casa, ouvir esse mesmo barulho, superestranho, o som de uma bola rolando.*

A1 — *Meio dormindo ou acordado?*

Pai — *Não, acordado. E aconteceu de várias vezes, quando eu era criança, acordar e eu falar assim. "Mãe, mas o que é esse barulho?...". Sei lá... Não sei explicar... Quando eu era criança, eu não gostava da hora de dormir.*

N. — *Ele tem medo.*

Pai — *Eu durmo no claro, no escuro, em festa com barulho. Eu só não gosto é de dormir sozinho entre quatro paredes...*

A2 — *Agora dá para ter medo, sem ser medo mesmo. Como é que é a história de ter medo se não for medo de assombração? Medo de coisas reais, da vida, como é?*

Pai — *Eu não tenho muito medo de coisa real não, só de coisas desconhecidas, é... Tanto é que eu até já citei exemplos para ela. Eu, quando é assim, eu prefiro enfrentar um cara com duas armas do que um fantasma.*

A2 — *Você sonha muito quando dorme?*

Pai — *Não, eu não sonho.*

N. — *Eu também não sonho.*

A1 — *Mas, e pesadelo?*

N. — *Mas, quando eu tô dormindo assim, eu só tenho pesadelo.*

Pai — *Mas quando nós falamos assim... ah, eu sempre tentei proteger a N... do que eu tinha medo, era desse ritual, ritual de passagem, falando da morte, por exemplo, meu, se eu fosse num velório, era 15 dias sem conseguir dormir... Até hoje você vê como é o trauma, como que é; ah, nós temos de ir num velório. Eu vou no velório, mas eu não vou lá ver a pessoa. Eu não vou, não...*

Mãe — *Eu sou o contrário. Eu tenho de ver.*

N. — *Eu também tenho de ver porque é a última vez. E, na primeira noite, eu também não consigo, mas, na segunda, eu consigo tranqüilamente.*

A2 — *Então, agora deu para falar... medo da morte.*

Pai — *É, deve ser medo da morte.*

A1 — *E dormir? Morto parece que está dormindo, né?*

Quando apontei "E dormir? Morto parece que está dormindo, né?", o pai responde ansioso: "Você percebe que eu falei que eu não gosto da hora de dormir, a N. não gosta da hora de dormir e a Maria Clara não gosta de dormir". Mas a mãe se diferencia dizendo: "Eu acho que dormir e comer são as melhores coisas que têm na vida...".

É possível observar que o sintoma de Maria Clara e de N. expressam o sintoma do pai. Talvez o significado de cada sintoma seja singular, mas a expressão é a mesma.

O casal não tem consciência de que a queixa apresentada em relação às filhas (dificuldade para dormir, agitação) reedita uma questão antiga do pai (medo de ficar sozinho).

Durante todas as consultas, fomos falando com Maria Clara, mas a intervenção que formulei, no fim dessa segunda consulta, explicitou o lugar que a menina-bebê vinha ocupando nessa família, como um momento sagrado[44]: "Ei, Maria Clara, você gostou dessa conversa, hein? Esse seu nome, Maria Clara, tem tudo a ver com essa conversa. Você veio clarear as idéias, iluminar, trazer luz. Veio para explicar as coisas. Tem muito trabalho para você, hein?".

Após essa consulta, na terceira, os pais relataram que a N. e a Maria Clara foram dormir no próprio quarto. Os pais dormiram juntos, e Maria Clara acordou somente duas vezes por noite. N. não comparece nessa terceira consulta nem na próxima. Parece que se sentiu autorizada a se separar dessa família com características simbióticas.

Nessa consulta, procuramos investigar as relações dos pais com os próprios pais.

Ao pedirmos que eles falassem do relacionamento com seus avós, o pai recordou-se das histórias de fantasmas que os adultos contavam todas as noites, das quais ainda sente medo. Durante essa sessão, ele nos contou um sonho: "Eu estava só no escritório, sentia-

44. Winnicott (1942, 1965b) dizia que a consulta terapêutica representa um momento sagrado da experiência do psicanalista. Essa fala, dotada de uma sincronicidade afetiva, oferece uma representação para o lugar emocional que Maria Clara ocupa nessa família.

me muito inquieto, e algumas pessoas apareciam, entrando e saindo da minha sala". Quando nós lhe perguntamos quem eram essas pessoas, ele nos disse que eram colegas de trabalho que já morreram. Surpreendentemente, em tão pouco contato, esse pai pôde passar de um registro delirante para um registro onírico suas vivências terroríficas. Esse relato nos permitiu identificar seus medos infantis relacionados à morte; são fantasmas vivos até hoje. Levantamos a hipótese de que haja uma depressão psicótica paterna, pois ele precisa de alguém ao seu lado para não "enlouquecer" com os fantasmas e barulhos "terroríficos" internos, diurnos e noturnos.

Desde a primeira consulta, a angústia transbordante do pai foi captada por nós, foi acolhida e foi sendo nomeada, permitindo os *insights* da família. Na segunda sessão, com a ajuda da N., a filha mais velha, foi apontado que, na verdade, em função dos medos terroríficos do pai, era ela que o colocava para dormir. Agora, o pai começa a digerir seus medos trazendo esse sonho.

Ao ser perguntada sobre a sua relação com os avós, a mãe recordou-se de sua infância. Ela vivia numa grande casa de dezoito quartos numa espécie de sítio no interior de São Paulo. Nesse sítio, havia mais duas casas: numa morava seu avô paterno, que era muito doente, pois havia tido um derrame, e, na outra, morava sua avó materna, com duas tias que eram anãs, sendo uma delas deficiente mental.

Quando sua avó materna morreu, a mãe de Maria Clara tinha oito anos e era do mesmo tamanho que as tias anãs, com quem ela brincava muito. As tias choravam desesperadamente a morte da mãe, e seu pai não lhe permitia que fosse consolá-las. Seu pai ficou tão irritado com esse pranto, que terminou por interná-las.

Sua mãe, irmã das tias, ficou com muita raiva de seu marido e, por vingança, obrigou-o a internar seu pai doente, que veio a falecer um ano depois.

Ao fim desse relato, ficamos mobilizadas pelo choro emocionado da mãe, dirigindo nossos olhares, nosso silêncio empático e nossa continência a ela. Ao mesmo tempo, observamos um rápido e tímido movimento do pai de acariciar a cabeça de Maria Clara. Essa maior aproximação do pai no cuidado do bebê se confirma no cotidiano da família e parece revelar a possibilidade de desenvolvimento de sua função paterna também no suporte aos processos emocionais regressivos vividos por sua esposa com a maternidade.

Esse diálogo nos permitiu perceber a angústia da mãe diante das situações de choro de suas filhas, que repetem a situação de choro de suas tias anãs. E, ainda, que a situação de separação é, para ela, muito dura de suportar, pois vem repleta de emoções muito violentas. É possível, ainda, supor que a mãe de Maria Clara conta com objetos internos primários muito destrutivos, o que vem explicar sua dificuldade de exercer o lugar de mãe e esposa.

Pôde-se, então, dar representação à dificuldade da mãe de deixar as filhas chorarem, para que não se repetisse a situação traumática que viveu com as tias anãs, o que representou uma situação de empatia metaforizante[45] efetiva.

Nessa consulta, os fenômenos transgeracionais puderam ser revelados e desvendados: discriminaram-se os medos do pai e as angústias de separação da mãe.

Maria Clara, durante essa consulta, explorou a sala e os brinquedos que lhe foram oferecidos, mostrando uma expansão de seu desenvolvimento emocional.

Na última consulta terapêutica (a quarta), um mês e meio depois da primeira, os pais vieram com Maria Clara e mostraram-se sem agitação. Eles nos contaram que ela está dormindo muito bem em seu próprio quarto. Ela tem acordado uma vez por noite quando toma uma mamadeira. Inaugura-se o processo de separação com o desmame instalando-se.

45. Empatia metaforizante é um estado de ligação perceptiva e emocional com o sofrimento da família que até o momento não pôde ser nomeado, mas que sendo trabalhado com o terapeuta, pode ser vivido como uma experiência corretiva do que não foi possibilitado no início do desenvolvimento. Uma intervenção do terapeuta pode condensar aspectos de observação das interações e percepções de conteúdos transgeracionais, permitindo o contato com esses aspectos até então inconscientes (Lebovici 1983,1991,1993b).

Os pais comentam que estão se sentindo mais atentos a si mesmos e aos outros na família, estão reparando e dizendo coisas entre eles nunca faladas ou observadas antes, o que nos faz pensar que o *setting* ofereceu continência e serviu como modelo para que cada membro se discriminasse e ocupasse seu lugar psíquico na família.

Além da separação que se dá entre nós, os pais contam-nos que também estão mais separados de N., e a mãe tem se separado das duas filhas, sem violência, permitindo que o pai se introduza com mais freqüência na relação com as meninas.

O pai tem se percebido com menos medo, tem ficado sozinho no trabalho e na própria casa, o que indica que está desenvolvendo sua capacidade de ficar só. Observou que as filhas não têm medo — os medos são só dele. Com a vida mais tranqüila, com esse espaço de continência oferecido pelo *setting,* pôde refletir sobre a vasectomia precoce que se impôs e descobre que ainda tem capacidade para cuidar das filhas.

A mãe brinca com Maria Clara durante a consulta como se pudesse ter recuperado algo que se havia perdido com a internação das tias anãs.

Observam que podem criar a própria história e livrar-se do mandato transgeracional, que não vai perpetuar-se.

Esse trabalho criativo possibilitou um espaço potencial (Winnicott, 1967b) para que essa família inaugurasse uma história própria. Em função da relação extremamente indiscriminada e fusional dessa família, sugerimos que continuassem um atendimento psicoterápico da relação pais-bebê — um divã familiar, até que eles possam constituir-se como pessoas discriminadas e separadas entre si, para, então, serem atendidos individualmente.

Recentemente, quando Maria Clara estava com três anos e meio, a família telefonou-me dando notícias: Maria Clara estava iniciando a escola e, desde o término deste trabalho, seus pais têm podido dormir "abraçadinhos".

Discussão

1. Nessa intervenção precoce, é possível verificar como o sintoma do bebê era fruto dos fenômenos transgeracionais que foram transbordando nos relatos durante as sessões.

Durante as quatro consultas terapêuticas com a família de Maria Clara, fomos colhendo a história do bebê desde o relacionamento de seus pais com seus próprios pais, até a concepção, nascimento, desenvolvimento e o sintoma do bebê. Assim, procuramos ter acesso às diferentes representações do bebê imaginário[46], fantasmático[47], cultural[48] e real[49], que os genitores, em função de sua história, tinham de sua filha-bebê.

Esses encontros permitiram que os pais falassem sobre o bebê, sobre eles mesmos e sobre sua família, sobre seu passado e sobre a repetição de suas condutas. Por meio da investigação, as fantasias transgeracionais revelaram-se, foi-se retirando do bebê os investi-

46. O bebê imaginário é essencialmente pré-consciente, elaborado durante a gravidez mediante um processo de *rêverie* diurno (sonhar acordado e devaneios). Tais devaneios podem ou não ser compartilhados entre os pais. Nesse espaço psíquico têm lugar a escolha do nome do bebê e outros processos semelhantes repletos de expectativas e idealização, influenciados pelo processamento (ou metabolismo) da idealização da criança através da vida conjugal dos pais. (Lebovici e outros, 1998)

47. O bebê fantasmático é essencialmente inconsciente. Sua origem remete às raízes infantis do desejo da menina de ter um bebê. Na menina que logo será a mãe, aparece o desejo de concepção próximo à figura do avô materno do bebê. No menino existe o mesmo desejo, de ser pai com a futura avó paterna do bebê. Os conflitos não elaborados regem fortemente as notas dessa dimensão intrapsíquica que se pode considerar como um determinante fundamental da relação. Em muitas situações os conflitos não resolvidos desta etapa da vida podem retornar com muita força no período perinatal (por exemplo o medo do incesto) (Lebovici e outros, 1998).

48. O conceito de bebê cultural tem origem na antropologia, ele é concreto, real, tem de ser construído com a mãe, pai, família e compartilhado com todos em todos os níveis de relações e interações: comportamentais (muitas vezes a mãe não olha o bebê, às vezes não toca o bebê), interações afetivas (desejar ou rejeitar o bebê, tudo o que esperamos do bebê), fantasmático (ser mãe e mulher é a mesma coisa ou não...) (Lebovici e outros, 1998).

49. O bebê real é aquele que podemos observar e confrontar, o que observamos com as representações imaginárias e fantasmáticas do bebê relatadas pelos pais (Lebovici e outros, 1998).

mentos inconscientes nele depositados pelos pais e favoreceu-se a elaboração de conflitos associados à parentalidade[50]. O pai pôde cuidar das filhas sem a sobrecarga da função paterna exigida precocemente no cuidado de seus próprios irmãos. E a mãe de Maria Clara pôde escutar e interpretar o choro de sua filha sem a conotação de dor, sofrimento e violência que estavam associados inconscientemente com a separação das tias anãs, permitindo que o choro de Maria Clara fosse somente mais uma forma de comunicação entre outras. Ela também pôde lidar de outra forma com as angústias de separação presentes em todo o vínculo afetivo.

O pai, que sempre cuidara de muitos e que temia a solidão, conosco não estava sozinho, embora nossa companhia estivesse voltada para pensar sobre os espaços internos, e não para se esquivar deles. Podemos supor que houve a criação de um aspecto introjetivo dessa intervenção precoce.

Na última consulta, quando o pai pôde dizer que o medo era só dele e não das meninas, ele expressou uma transformação de suas projeções sobre o bebê, podendo renunciar à busca de uma confirmação narcisista que era imposta ao bebê. Os aspectos identificatórios e projetivos que ocorreram com a sucessão de gerações puderam, assim, transformar-se, e o bebê deixou de ter de lidar com os elementos enigmáticos dos pais e deixou de estar submetido ao lugar que seus pais lhe colocaram, sobretudo o lugar de "bode expiatório". Maria Clara deixou de ser um bebê "sem berço", constituindo um lugar para existir.

Nossa postura investigativa, embora mais ativa, não exigia intervenções interpretativas freqüentes, isso porque os pais, ao reconstruírem a própria história emocional das relações afetivas familiares e ao observarem com um novo olhar o bebê na consulta, foram, eles

50. Serge Lebovici aponta: "A parentalidade é absolutamente outra coisa para além do parentesco biológico: para chegar a ser pai é necessário haver realizado um trabalho prévio sobre si mesmo, que consiste em princípio compreender que tenha herdado alguma coisa de seus próprios pais. Não falo do que é genético ou programado como o apego... Mas sim daquilo que depende e se revela da transmissão intergeracional" (Solis, 2002).

mesmos, desfazendo mitos, tabus, expectativas, impeditivos do desenvolvimento do bebê. E o bebê real, ele mesmo, começou a ocupar um lugar próprio. Esse movimento psíquico só foi possível porque as estruturas psíquicas dos pais se tornam mais flexíveis quando da chegada do bebê e, portanto, as transformações emocionais são mais intensas nesse momento.

Eu pude dar-me conta de que minha escuta e meu olhar diante da cena pais-bebê, que se desenrolou nas consultas, foram ingredientes essenciais para que as transformações se dessem e o sintoma se dissolvesse. Assim como o estado de mais verdadeira ignorância de minha parte do que se passava, no qual as dúvidas e hipóteses puderam ir sendo investigadas e verificadas *in loco,* foi condicional para que os aspectos psíquicos, que transitavam inconscientemente entre as gerações, se revelassem. A situação investigada sobre o fato de os quatro dormirem no mesmo quarto é um exemplo disso. A partir daí, um leque abriu-se, com dados fundamentais para compreendermos a dinâmica familiar.

Como o maestro, percebi que minha função ali era só reger os dramas, tragédias e fatos emocionais desconectados, a fim de que encontrassem representação, significado emocional.

Winnicott (1960a) afirma que o potencial do bebê é herdado e é legítimo estudá-lo, desde que "sempre seja aceito que o bebê não pode se tornar um bebê a menos que ligado ao cuidado materno" (p. 43), ou "não existe tal coisa como o bebê sem a mãe" (Winnicott, 1960c, p. 586), como destaquei na epígrafe deste capítulo. Depois dessa intervenção precoce, acredito que Maria Clara pôde ter o cuidado materno necessário para se desenvolver.

2. A projeção de fantasias inconscientes dos pais sobre Maria Clara constituía-se em identificações mórbidas e não permitia que ela pudesse ocupar um lugar psíquico na família. Sua mãe não era capaz de significar seu choro; qualquer choro deveria ser aplacado em função da projeção de suas angústias inconscientes. Ao mesmo

tempo, sua mãe não podia alternar-se entre presença e ausência. Suas angústias de separação levavam-na a estabelecer uma relação intrusiva e superprotetora com sua filha-bebê.

Maria Clara ficava a depositária de fantasias, de vivências violentas, de medos terroríficos que diziam respeito a outras gerações. A resultante dessa dinâmica inconsciente familiar era o sintoma de Maria Clara: transtorno de sono. No entanto, mais do que isso, esses aspectos inconscientes transmitidos através das gerações terminavam por prejudicar seu desenvolvimento emocional e a própria constituição de seu psiquismo. N., a outra filha, também estava fundida nessa patologia familiar, embora tenha demonstrado que tinha recursos para se diferenciar assim que as fantasias foram nomeadas, localizadas e assumidas por seus genitores durante as consultas.

No momento em que puderam ser desfeitas as identificações repetitivas e mórbidas, cada membro da família pôde ocupar seu lugar psíquico, assumir suas funções materna, paterna e fraterna.

As identificações mórbidas depositadas em Maria Clara puderam ser elaboradas a partir do *revêrie* oferecido pelas terapeutas durante as consultas, favorecendo que o bebê se pudesse desocupar-se dessa tarefa e dormir.

A mãe e o pai de Maria Clara têm agora mais condições emocionais para atender às necessidades do bebê para ele se desenvolver e, ainda, para digerir e elaborar as identificações projetivas típicas da menina-bebê.

A abordagem da parentalidade, particularmente por meio da consulta terapêutica, permitiu uma intervenção capaz de mobilizar certos conflitos familiares que obstaculizavam o desenvolvimento de Maria Clara e desencadear uma dinâmica de mudança no seio dessa família. A parentalidade, assim como a filiação, constrói-se no aparato psíquico; esses dois processos complementares incluem a história da criança, de seus pais e de seus avós, tanto quanto o reconhecimento da sexualidade infantil, ou seja, as pulsões inconscientes. Quando o que se transmite é demasiado conflitivo, o desenvolvimento do filho vê-se obstaculizado, e a afiliação cultural é também afetada (Solis, 2002). Este trabalho de intervenção precoce permitiu compreender o bebê da transmissão intergeracional e transgeracional, favorecendo o nascimento psíquico de Maria Clara.

A escuta psicanalítica dos fenômenos transgeracionais presentes nas relações pais-bebê possibilita que, precocemente, eles possam ser identificados, favorecendo o desenvolvimento emocional e a construção de um lugar psíquico próprio do bebê na família, oferecendo um "berço" afetivo, constituindo-se numa ação profilática e prevenindo transtornos globais de desenvolvimento.

3. Todo instrumental oferecido pelo método de observação da relação pais-bebê de Esther Bick (1964) foi extremamente útil para observar os movimentos interativos de Maria Clara com seus pais, com as terapeutas e com os brinquedos presentes no *setting*, assim como a capacidade de continência das terapeutas em silenciar as interpretações que não eram importantes, deixando os próprios pais reconstruírem sua história e fazerem as ligações emocionais até então impensadas.

No entanto, Bick, membro do grupo kleiniano inglês, focaliza seu olhar psicanalítico no bebê, em suas fantasias inconscientes e nos seus aspectos constitucionais, em seus movimentos dinâmicos das identificações projetivas e transferenciais, cujos personagens pertencem ao cenário interno do bebê. A teorização sobre a historicidade do bebê e a influência do meio ambiente na constituição do psiquismo não estão contempladas nessa perspectiva.

Poder incluir a reconstrução da história transgeracional que envolve a vida psíquica de Maria Clara foi o que tornou possível oferecer-lhe um "berço" emocional. A escuta dos fenômenos transgeracionais favoreceu a remissão do sintoma de Maria Clara, e toda a família pôde dormir.

Procuro discutir, no Capítulo II, que se segue, o resultado de identificações mórbidas — identificações projetivas e intrusivas entre gerações —, que impediram que se constituísse um psiquismo próprio em três pacientes adultas.

Capítulo II

Um *self* habitado por outro

Em nossa vida, tudo se passa
como se entrássemos nela com uma carga de obrigações
contratadas em uma vida anterior.
M. Proust (1871-1922)

Na vida destas pacientes, Beatriz, Ana e Lia, tudo se passa assim. Somente uma mutação superegóica poderia permitir ao ego apropriar-se subjetivamente e transformar em pouco mais o que da herança fora tratado como invariante.

Relato, neste capítulo, a história transgeracional dessas três mulheres, que estão ou estiveram em análise comigo durante alguns anos. Os fatos narrados foram transformados em ficção, a fim de resguardar o sigilo, proteger o *setting* analítico e o compromisso ético estabelecido com elas na sala de análise.

Na narrativa clínica, é possível observar a intrusividade dos objetos parentais e as identificações mórbidas decorrentes dessas relações, que habitam o *self* dessas pacientes e as impedem de constituir um psiquismo próprio, entravando o processo de subjetivação.

Caso I

Beatriz é uma jovem recém-formada, que optou por seguir carreira acadêmica. É a segunda filha, tem só uma irmã mais velha. Ela me procurou, pois estava num quadro depressivo sério, não conseguia levantar-se da cama, chorava à toa, não tinha vontade de comer nem de estudar, nem de conversar com ninguém. Não era a primeira vez que isso acontecia. Muito assustada e com reservas, ela me disse que, desde pequena, costuma ver fantasmas de pessoas desconhecidas ou que já morreram, que conversam com ela, em geral crianças pedindo socorro ou ajuda.

Quando lhe perguntei sobre sua relação com as pessoas da família, ela me contou, um pouco surpresa com a ligação que acabara de fazer, que diziam, sua mãe e sua avó materna, que ela era muito parecida com sua tia que morreu de câncer com a idade em que ela estava naquele momento. Todos os seus movimentos e interesses eram associados a essa tia morta e era como se Beatriz não pudesse existir simplesmente como Beatriz, sobrinha da tia, e não a tia. Ela também me contou que todos os dias, desde bem pequena — pois sua mãe trabalhava de dia e de noite —, ela e sua família almoçam e jantam na casa de sua avó, que mora ao lado de seu apartamento. Ela é responsável por grande parte das tarefas domésticas, uma obrigação, carga que, curiosamente, não é dividida com sua irmã.

Então, pudemos constatar um mesmo destino traçado para as mulheres dessa família, determinado tiranicamente por sua avó materna, talvez desde sua bisavó, em que as mulheres não podiam se indiferenciar, devendo todas ficar debaixo das asas da matriarca, submissas à avó, caracterizando um fenômeno transgeracional.

Esse tema ocupou o primeiro ano de análise, e, cuidadosamente, fomos fazendo esse trabalho de discriminação de quem é quem nessa família e ajudando Beatriz a lidar com o ódio provocado por essa dinâmica familiar. Rapidamente ela saiu do quadro depressivo e conseguiu terminar o ano letivo com sucesso.

Beatriz também me descrevia cenas extremamente intrusivas por parte de seu pai, querendo saber de sua vida íntima com seu namorado, o que a deixava transtornada e a levava a quebrar coisas pela casa. Em uma dessas discussões com os pais, ela conseguiu expressar seu ressentimento de ter se sentido muito abandonada na infância, de que os pais nunca quiseram saber sobre suas dúvidas de início da puberdade e que muitas vezes diziam que não tinham tempo para suas perguntas. E, ainda, que ela não agüentava mais sua mãe determinando a hora de dormir ou o que ela devia comer.

Como de hábito na sua família, depois de uma briga como essa, os pais ficam sem falar com ela durante mais de um mês. A imagem que me ocorreu é como se ela fosse um fantasma de um morto dentro de casa: ninguém fala com morto. Conversamos sobre isso e foi quando pudemos cuidar da criança de dentro dela que estava abandonada pedindo socorro, dar algum sentido aos fantasmas e ao lugar que Beatriz vinha ocupando na família, o lugar da tia morta.

Essa situação de não-diálogo com os pais se amainou quando Beatriz caiu de cama com uma gripe fortíssima. E, finalmente, dias depois, ela iniciou a sessão feliz, dizendo: "Minha mãe falou comigo. Ela disse que a raiva passou, e foi tudo".

Recentemente, ela me relatou que não tem mais visto os fantasmas e que os fantasmas tomaram o sentido de serem os seus aspectos infantis que não foram atendidos na sua infância. Então, ela me diz que acha que os fantasmas de crianças eram todos ela mesma pedindo socorro e que ela pôde entender que não vai mais ser possível ela ter essas necessidades atendidas, já que seus pais são como são e que ela já não é mais uma criança e pode virar-se com seus recursos de menina crescida.

Relato, agora, uma vinheta clínica que ilustra esses aspectos.

Maria Cecília Pereira da Silva

Vinheta de uma sessão com Beatriz

Ela chega pontualmente e entra na sala esbaforida, coloca suas coisas sobre a poltrona, deita-se e logo começa a falar:

"Hoje estou revoltada. Estou louca com a minha família, especialmente com as mulheres. Minha avó, minha tia, minha mãe querem controlar minha vida, até a minha irmã quer me ensinar como sentar. Puxou as minhas costas e disse: 'Costas retas', enquanto eu ensinava minha mãe a mexer no computador. Fico pensando se esse é o jeito de elas me dizerem que se importam comigo, mas é muito chato. Queria dizer: 'Pôr favor, cuidem da vida de vocês'".

Ela cita vários exemplos de como as três mulheres controlam a sua vida: a roupa que deve vestir, comer o que não engorda, onde se deve sentar à mesa, o que desencadeia alergia, etc. Depois, Beatriz me conta de duas brigas que teve com duas colegas da faculdade e conclui dizendo: "Não é possível! As mulheres me perseguem".

Retomo sua fala do início da sessão no sentido de investigar e compreender melhor sua relação com sua tia, mãe e avó.

Então, ela me fala que é tudo muito sufocante, as três mulheres perguntam tudo sobre o seu dia, são muito invasivas, mas de verdade não estão muito interessadas. Quando Beatriz quer aproximar-se de sua mãe e se mostra interessada, sua mãe diz que não tem tempo para responder às suas perguntas. A avó é sempre pessimista. Ela ainda conta que todos almoçam ou jantam assistindo à televisão, e ela é a única que se senta de costas. Depois, ela se recorda que, quando tinha 13 anos, fazia as receitas de sua bisavó com seu pai e sua irmã para os dias de festa, e sua avó sempre tinha uma crítica a fazer. Com o tempo, descobriu que isso fazia parte do jeito de sua avó. Depois, ela fazia os doces e bolos e deixava-os em casa, mas sua avó descobriu e passou a pedir para sua mãe todo dia um pedaço.

A tentativa de Beatriz de criar um lar com bolos gostosos era interditada por essa avó. Só na casa dela é que podia ter doces.

Embora Beatriz povoasse essa sessão com tantos personagens externos e reais e conseguisse discriminá-los, eles habitavam seu "self", impedindo-a de constituir um psiquismo.

Não consigo formular nenhuma interpretação. Fico paralisada e chocada com as suas histórias. Penso que talvez eu tenha de ouvi-la muito, oferecendo a continência de um encontro afetivo, pois ela não pôde e não pode contar com objetos compreensivos.

Ao fim dessa sessão, digo alguma coisa relacionada à dor de conhecer: Você está me falando que começa a perceber como são essas as mulheres da sua vida, sem muito contato e sem jeito de você poder ter um encontro mais afetivo e também quanto essa percepção te enche de raiva e de tristeza.

Assim, pouco a pouco, o processo de desidentificação foi se dando. Tempos depois, Beatriz alugou um apartamento e mudou-se. Foi morar com umas amigas. Recentemente, recebeu uma bolsa para terminar seu doutorado no exterior, e isso deve ocorrer no fim deste ano. Ela inaugura em sua família um novo jeito de ser mulher.

Discussão

1. Quando Beatriz chegou ao consultório, seu mundo emocional estava tomado por estados psicóticos que quase a impediam de manter algum contato com a realidade. Foi possível observar que ela

estava identificada com aspectos herdados de seus antepassados que provocavam esse estado de confusão em que a conheci. Os fantasmas que povoavam suas noites e parte de seus dias apontavam para uma vivência de desamparo muito precoce, representando uma ameaça interna e externa.

Suponho que a ausência de sua mãe seja por motivo de trabalho, mas imagino que, com a história transgeracional relatada por Beatriz, também havia uma ausência emocional por causa dessa avó, que sufoca todas as mulheres da família. Não foi possível que ela introjetasse um objeto bom e confiante capaz de ajudá-la a suportar situações de frustração e a discriminar fantasia de realidade.

Nos primeiros tempos da análise, Beatriz trazia um material sem sentido, repleto de elementos "b", não-representáveis, evacuados, buscando uma elaboração para serem transformados em "a", para, então, serem reintrojetados como sonhos próprios e constituírem-se numa história possível de ser narrada.

A revelação na transferência das identificações mórbidas foi o ponto de partida para o nascimento da liberdade de poder construir a própria história. As identificações mórbidas congelam o psiquismo num sempre que caracteriza o inconsciente, qualificado de atemporal. Quando se conhece a história secreta, é possível modificar os efeitos que ela exerce sobre o ego e modificar a clivagem alienante. Esse processo de desidentificação permite restituir a história como pertencente ao passado. A desidentificação, portanto, é a condição da liberação do desejo e da constituição do futuro, de uma vida própria.

2. Durante o processo analítico com Beatriz, pudemos descobrir um *self* habitado pela história de sua tia, mãe e avó, e pela intrusividade da figura paterna. Só o trabalho de discriminação de quem é quem e de desidentificação desses aspectos intrusivos que se constituíram em identificações mórbidas é que permitiram que Beatriz pudesse tomar posse de sua história e nascer com uma mente própria.

Creio que o jogo da análise seja este, o de poder entrar em contato com todo o não-pensável e o não-figurável que pulsa num mundo indistinto; permitir uma representação narrável que, depois, possa voltar a habitar um inconsciente feito de pedaços de histórias narráveis, ainda que recalcados.

3. Somente, em um campo suficientemente permeável que se transforma em lugar-tempo, podem surgir as fantasias transgeracionais do paciente, que, por sua vez, devem surgir no campo antes de poderem ser identificadas, e que, serão transformadas.

Foi depois de ter se dado esse processo de desidentificação dos aspectos mórbidos inoculados em Beatriz que temos podido investigar seus aspectos cruéis e severos que se interpõem em seu psiquismo, prejudicando seu potencial criativo e afetivo, enquanto personagens de seu mundo interno e também como expressão do nosso funcionamento mental na sessão.

Caso II

Ana tinha 36 anos quando me procurou para análise, porque vivia uma intensa e séria crise de angústia depressiva, sentia-se insegura e desamparada. Sua vivência era de como se fosse desabar no vazio.

No início do segundo ano de análise, após uma intervenção ingênua que fiz interrogando seu jeito de se lamuriar da vida, ela me responde estupefata, quase sem ar: "Esse jeito é igual ao da minha mãe! Ela vive reclamando pelos cantos da casa. Nada está bom para ela. Ela só pensa em suas irmãs. A gente, minha irmãzinha e eu, não conta nada. Mulher, na minha casa, é aquela que agüenta tudo, submissa, suporta todas as imposições e maus-tratos dos homens. Meu pai era assim com a minha mãe e conosco. Cecília, é como se fosse uma maldição: a gente não pode ser feliz. Eu não quero ser como ela e como a minha irmã: solteirona, sozinha e reclamona".

Em outros momentos, ela me falava de sua relação com os homens da família. Seu irmão sempre foi o herói de seu pai. Ela nunca tinha vez; tudo que fazia para agradar ao pai não encontrava reconhecimento. Pelo contrário. Escutava: "Tudo que você faz dá errado, menina. Você não vai dar em nada na vida!".

Essas falas de seu pai se transformaram em verdades absolutas, como um mandato em que seu destino estava traçado e muito pouco nos restava a fazer. Sua vida profissional estava estagnada, assim como sua vida afetiva. Nada podia sair do lugar. Foi só depois de poder ajudá-la a discriminar as falas cruéis de seu pai daquilo que ela já vinha construindo em sua vida que pudemos aproximar-nos de aspectos de seu pai incorporados num superego extremamente rígido e destrutivo.

Tanto a percepção de Ana de ter incorporado aspectos pessimistas e depressivos de sua mãe como a de aspectos cruéis de seu pai — um *self* habitado por outro — permitiram que ela, pouco a pouco, pudesse ir se desfazendo dessas identificações mórbidas e cerceadoras, para construir, com liberdade, sua própria subjetividade.

Nos últimos anos de análise, Ana tinha sido promovida mais de uma vez no trabalho, alcançando um posto de diretoria, e estava iniciando um relacionamento verdadeiramente afetivo.

Discussão

1. Ana não pôde contar com nenhum objeto suficientemente bom para sobreviver psiquicamente. Sua mãe era muito deprimida, chorava a pátria abandonada. Seu pai viajava sempre, às vezes por mais de um ano, e, quando retornava, era sempre muito crítico, impedindo qualquer correspondência ao amor edípico de uma filha que o idolatrava.

Foi se sustentando emocionalmente, oscilando entre relações ora extremamente persecutórias ora idealizadas. As identificações mórbidas favoreciam esse tipo de funcionamento que a deixavam bloqueada emocionalmente. Ana construiu um falso *self,* que representava o padrão estabelecido pela família, um *self* habitado por outro. Apesar desse funcionamento mental precário, Ana encontrou recursos para alcançar alguma autonomia e independência.

2. O *self* de Ana era habitado por aspectos depressivos de sua mãe e por aspectos cruéis de seu pai. As relações familiares eram tão amalgamadas que não existiam pessoas distintas; todos os membros da família sentiam e desejavam as mesmas coisas. Dessa maneira, Ana ficava impedida de sentir qualquer desejo, de sonhar com coisas possíveis ou impossíveis, ou mesmo de ter qualquer tipo de ambição; tudo estava interditado. Essa interdição resultou num estado de angústia insuportável, quando Ana me procurou.

Na situação transferencial, essas identificações mórbidas se faziam presentes, e, muitas vezes, via-me sentindo-me como ela me descrevia a figura materna, tão desanimada e sem esperança quanto, e, em outros momentos, sentia-me como seu pai, que não lhe dava nenhum crédito. Era árdua minha tarefa de distinguir que personagem estava falando, que aspectos intrusivos estavam sendo representados na sala de análise e a quem dirigir minha interpretação. Ao mesmo tempo em que encenava esses personagens na sessão, ela me suplicava que eu os discriminasse e reclamasse pela personagem principal: Ana.

Durante os primeiros tempos de análise, foi necessário ajudar Ana a não sucumbir aos mandatos de seus pais, para que ela pudesse manter o mínimo de contato com a realidade, necessário para sobreviver. Tempos duros, em que manter a luz no fim do túnel era questão de vida ou morte.

3. Tratar das fantasias inconscientes, dos aspectos superegóicos severos e cruéis, como propõe a escuta neokleiniana, só foi possível

depois que Ana pôde discriminar-se desses aspectos mórbidos herdados das relações parentais. Só aí, depois de constituir um dentro e um fora, o eu e o outro, é que as interpretações transferenciais presentes na relação analítica fizeram sentido, e o mundo de fantasias e o sonhar floresceram.

Caso III

Lia e eu estivemos juntas por seis anos. Lia era uma jovem senhora, cujos pais eram de origem estrangeira. Estava casada e tinha uma filha de 5 anos, quando me procurou.

Buscou análise por se sentir muito frágil, vazia de quaisquer idéias e desvitalizada. Chorava à toa, tinha medo de ter doenças, queixava-se de várias dores pelo corpo, estava com medo de sair de casa, de dirigir seu carro e de não dar conta de cuidar bem de sua filha. Relatou ser comum sentir muito medo quando se ia deitar e a luz se apagava. Na maioria das vezes, seu desamparo era tão grande que colocava sua filha em sua cama para lhe fazer companhia. Então, acalmava-se e, como se "tivesse sua mãe ao lado", adormecia. A filha, agora, cuidava dela, e sua mera presença funcionava como um continente necessário para acalmar sua turbulência emocional e poder entregar-se ao sono.

Seu pai, austero, falava pouco. Sua mãe estava sempre doente, era deprimida. Quando Lia era ainda muito pequena, sua mãe viajava a trabalho com bastante freqüência, às vezes por dois meses seguidos, e ela ficava com os avós. Na pré-adolescência, quando as vivências de desamparo se reeditaram, seus pais brigavam muito, e sua mãe ficava seriamente deprimida. Eram lembranças dolorosas, das quais não gostava de recordar. Disso resultaram lacunas em seu psiquismo e sentimentos afetivos mutilados. Seguia padrões estereotipados, preestabelecidos de ser mãe, esposa, mulher. Não podia fugir a um *script* predeterminado.

Lia relatava que a história de seus pais era repleta de fatos escondidos, não-revelados. Às vezes, descobria uma coisa e outra e ficava indignada com tanta mentira. A vergonha vivida pela família fez com que esses fatos se tornassem um tabu, que não podiam ser falados — um segredo. A partir desses eventos, a mentira[51] tornou-se algo insuportável para Lia.

Várias vezes, contava-me de seu receio de ligar para seus pais e reencontrar o clima depressivo de sua adolescência. O caráter persecutório da voz não está ligado apenas ao conteúdo persecutório das palavras que ela enuncia; trata-se de um objeto ao qual é impossível subtrair-se (não se pode tapar os ouvidos como se fecham os olhos), e o poder invasivo da voz é ainda mais intenso quando rondam o silêncio afetivo e o furor.

Referia-se com muita dor a situações de intrusividade de seus pais, especialmente sua mãe, dando ordens na sua casa, mexendo em suas coisas íntimas ou intrometendo-se na educação de sua filha. Com muita coragem, uma vez foi à casa de sua mãe e pediu-lhe que parasse com isso. Essas vivências geravam enorme sofrimento e sentimento de culpa em Lia, que lutava internamente para discriminar as vivências emocionais da situação real e intrusiva na relação com sua mãe.

Lia não podia pensar-se, apropriar-se de seus recursos e ampliar seus potenciais internos por identificação com sua mãe deprimida. Tinha dificuldade em romper esse conluio inconsciente.

Apresentava um predomínio de defesas narcísicas e superegóicas[52] com uma elevada produção de pensamentos concretos e

---

51. A mentira e a vergonha têm um papel fundamental no campo da transmissão. Tudo aquilo que o sujeito não pode se apropriar, tomar posse, fica enquistado no psiquismo e atravessa gerações.

52. Bion apontou que se o relacionamento entre mãe e bebê não for bem-sucedido, em vez de um superego que ajuda (do ponto de vista freudiano), desenvolve-se um superego destruidor do ego. Há um superdesenvolvimento do superego arcaico. "A usurpação pelo superego primitivo da posição que deveria ser ocupada pelo ego acarreta o desenvolvimento imperfeito do princípio de realidade, a exaltação de uma perspectiva 'moral' e falta de respeito pela verdade. O resultado é inanição do psiquismo e crescimento paralisado (Bion, 1965)" (*apud* Sapienza & Giovanetti, 1989, p. 89-92). Diante disso, a pessoa pode passar a operar, principalmente, por meio de mecanismos primitivos, tais como cisão, identificação projetiva, negação e onipotência, dificultando a passagem para outras formas integradoras do funcionamento mental (posição depressiva) e, conseqüentemente, a formação do pensamento simbólico torna-se prejudicada. Para Lia, a integração provoca sentimentos caóticos.

pouca capacidade associativa. Raramente faltava às sessões e procurava trazer um material "interessante" para me agradar (superficial e repleto de personagens que povoavam a sessão). Não podia ser espontânea. As situações duras ou as situações que a angustiavam, que saíam do seu campo de controle e com as quais sentia que não conseguia lidar, procurava esquecer e, quando relatadas, já estavam distantes emocionalmente, pois tinham sido transformadas em fatos históricos. Não queria preocupar-me e tornar-se uma paciente "pesada" para mim. Sentia medo de entrar em contato com sua própria dor, com seus próprios sentimentos. As noites de domingo, freqüentemente, eram terríveis, pois a faziam cair num vazio, numa confusão interna. A única coisa que a acalmava era pensar que ia encontrar-me na segunda-feira.

Quando cuidava da analista, procurando selecionar o que falava, não se atrasava ou faltava, mantendo o diálogo analítico na superfície e distante de qualquer contato com o sofrimento, repetia na transferência o temor dessa mãe deprimida, a impossibilidade de viver a dependência, ao mesmo tempo que tentava descobrir quem era a analista e se podia confiar nela. Anunciava que as interpretações poderiam ser vividas como invasivas, o que era típico de vivências emocionais muito primitivas. O que Lia necessitava, no resgate do estado de não-integração, era que eu lhe permitisse viver tal qual era, entregue a si mesma e à sua confusão, sem a tarefa prematura de ordenação do caos.

Lia esperava que eu a aprovasse, concordasse com ela, reconhecesse seu esforço e me sentisse feliz[53]. Ela buscava em mim um objeto que pudesse transformá-la, que construísse a sua confiança na existência de bons objetos, possibilitando, então, que pudesse entrar em contato com a sua destrutividade interna. A partir do seu relato e da situação transferencial, pudemos supor que Lia não pôde

53. A identificação projetiva narcísica tem como função controlar o objeto que deve ser aquilo que o paciente espera dele.

dispor da constância e da sustentação emocional que deveriam ter sido oferecidas no início da vida pela mãe e, assim, relaxar diante de alguém com quem de fato pudesse contar. Sua mente foi, então, obrigada a fazer o papel do ambiente protetor, ficava alerta o tempo todo para cuidar da mãe e não pesar. Dessa forma, desenvolveu defesas, que acredito serem de caráter narcísico e superegóica, mantendo-se voltada para a realidade externa. Na relação com sua filha, tendia a superprotegê-la, não a imaginava como alguém com recursos próprios que pudesse suportar frustrações, ausências e separações e também não a deixava depender. Dizendo, para si mesma, estar tomando conta da filha, Lia dependia da filha para acalmar seus medos, para dormir.

Seus sonhos[54], presentes para a analista, em sua maioria, retratavam seus medos; eram repletos de cenas "ruins" e culpa persecutória. Quando os relatava, não os associava propriamente, se justificava ou não manifestava curiosidade alguma em buscar algum sentido para eles; não podia apropriar-se. Sentia medo de que eu fosse dizer-lhe algo moralmente acusatório; temia uma revelação denegridora da sua imagem. Suas fobias também eram exemplos disso. Por outro lado, embora de forma quase concreta, também percebia que algo de natureza inconsciente em sua vida mental se opunha a que pudesse sentir satisfação ou se realizar, algo de natureza superegóica, com aspectos extremamente primitivos. Sem representação simbólica da experiência emocional, procurava descarregar imediatamente as experiências de desconforto, porém apenas fatos não-digeridos, refletindo sua dificuldade de manter vivências e significados em seu interior (Silva, 1999).

54. "Bion sugeriu que um objeto que falha em introjetar — isto é, uma mãe que não consegue absorver as projeções do bebê — é percebido pela criança como hostil a qualquer tentativa de identificação projetiva ou a qualquer tentativa da criança de conhecer a natureza de sua mãe. Portanto, a criança tem a idéia de um mundo que não quer conhecê-la e não quer ser conhecido" (*apud* Britton, 1994, p. 122). Isso se reflete na capacidade investigativa de Lia quando relata seus sonhos e na forma como experimenta e se relaciona com seus sentimentos.

Com essas vivências de confusão, medo e desamparo, poderíamos pensar que Lia trazia seus aspectos psicóticos, abrindo espaço para encontrar seu verdadeiro *self*. A sua possibilidade de vir-a-ser, a sua capacidade de ter um *self* temporo-espacial, parecia ter ficado abalada, sobretudo do ponto de vista da personalização: residência da psiquê no corpo e da imagem de si mesma, que não pôde ser refletida pelo rosto da mãe[55].

Lia buscava um objeto que a compreendesse e lhe desse apoio. Havia um grande impulso de encontrar um objeto com o qual ela pudesse comunicar-se e sentir-se nutrida, acolhida e ajudada. A situação analítica pôde vir a proporcionar esse encontro e a introjeção desse objeto[56] com o qual Lia pudesse dialogar, que atribuiu sentido às experiências emocionais, obtido pela paciente mediante a identificação introjetiva da função analítica.

Quando estava com Lia, não era fácil encontrar uma forma de comunicação que nos aproximasse de sentimentos mais profundos e verdadeiros. Se interpretava o conteúdo, ela raramente os associava, permanecendo num contato superficial; se fazia uma interpretação da transferência, ela se assustava e se afastava. Observava que ela ficava rígida por uma exigência superegóica[57] de avaliar, de julgar as situações, de não as viver nem as sentir. Não tinha ego capaz de pensar; seguia uma agenda estabelecida pelas normas do superego. Quando

55. A esse respeito diz Winnicott (1967a) em seu trabalho *O papel de espelho da mãe e da família no desenvolvimento infantil*: "Alguns bebês não abandonam inteiramente a esperança e estudam o objeto e fazem tudo o que é possível para ver nele algum significado que ali deveria estar, se apenas pudesse ser sentido. Alguns bebês, tantalizados por esse tipo de relativo fracasso materno, estudam as variáveis feições maternas, numa tentativa de predizer o humor da mãe, exatamente como todos nós estudamos o tempo. ... Se o rosto da mãe não reage, então o espelho constitui algo a ser olhado, não a ser examinado" (p. 155).

56. Esse objeto com o qual o sujeito dialoga, fruto da internalização da função analítica, pode oferecer uma compreensão interna mais aprimorada (função alfa), que se diferencie de uma compreensão meramente intelectual mas que só pode ser introjetado se o paciente pode se desidentificar das excessivas identificações projetivas intrusivas do objeto externo.

57. Diante dessa estrutura superegóica, parece importante que possamos trabalhar clinicamente não apenas com a atenuação dos efeitos assassinos e delinqüenciais desse superego primitivo, como tão bem os descrevem Rosenfeld (1987) e Bion (1959b), mas também com o resgate de um psiquismo verdadeiro, como parte da reconstituição de um *self* que possibilite relações de objeto mais criativas.

tentava apontar isso, ela transformava minhas palavras em mais uma norma superegóica. Se ficava em silêncio, aguardando suas associações ou refletindo sobre elas por certo tempo, Lia desorganizava-se, ficava ansiosa e sentia-se perseguida. Em certos momentos, ela se virava no divã em posição fetal, como se não pudesse ouvir o que estava dizendo, e se fechava. Nesses momentos, geralmente mudava de assunto. Afastava-se do contato com sentimentos como raiva, agressividade e tudo o que estivesse ligado a sentimentos de rejeição e de abandono. Por meio de identificações projetivas, procurava deixar-me paralisada. Assim, ela me convidava a um conluio para fazer uma "não-análise", isto é, me fazia um convite a não investigarmos e nos aventurarmos pelos caminhos desconhecidos da mente.

Qualquer movimento, fosse de crescimento (troca dos dentes de leite da filha) ou de sofrimento (situações de separação), promovia uma experiência emocional caótica, como se ela não pudesse nem introjetar nem projetar sem produzir uma situação amedrontadora. Às vezes, observava que ela não suportava minha presença como alguém independente dela, que tinha pensamentos próprios e distintos dos seus, e, assim, se afastava, para me proteger da raiva que isso podia provocar-lhe.

Percebia que tinha de viver com Lia momentos de dependência absoluta e, aos poucos, por meio da dependência relativa, ir possibilitando a distinção do eu e do não-eu, povoando seu mundo interno. Assim, Lia pôde ir lidando com os percalços do mundo interno e externo (situações de separação), acumulando suas experiências de vida e, "rumo à independência, sua percepção ir se tornando quase sinônimo de criação" (Winnicott, 1960a, p. 23).

Observei que o jeito de falar mais eficaz e que promovia associações no trabalho com Lia dependia do meu estado de mais verdadeira ignorância. Quando fazia interrogações, da forma mais coloquial possível, e me colocava disponível para descobrirmos juntas o que ela estava sentindo ou sentiu, ela, então, me ouvia, me acompanhava, se aproximava de suas experiências emocionais e oferecia associações. A partir dessas associações, ela se tornava capaz de fazer ligações emocionais entre suas vivências presentes e anteriores. Somente desse modo, em que tolerava as suas e as minhas oscilações persecutórias, é que alguma transformação foi possível.

Fui descobrindo que, quando, porventura, saía desse estado de profunda e verdadeira ignorância e falava de uma forma afirmativa, assertiva, ou como se fosse "dona da verdade", Lia não me ouvia e tomava minhas palavras como acusatórias. Ela, em geral, se desligava rapidamente do contato com suas emoções e passava a me falar de coisas concretas, como, por exemplo, dos afazeres domésticos que tinha de executar.

Era importante para Lia sentir-me presente, para estarmos em contato. Para tanto, procurei investigar e descrever os movimentos da sessão, utilizando-me, às vezes, de metáforas, e trabalhar sobre aquilo que ela dizia, levando muito em conta sua comunicação verbal, o conteúdo manifesto de sua fala.

Foi necessário aguardar que se estabelecesse confiança na relação analítica, para que se pudesse, aos poucos, ir quebrando as defesas superegóicas, onipotentes e controladoras, assim como as identificações mórbidas que procuravam estabelecer um clima superficial e manter os sentimentos hostis cindidos da personalidade. A confiança no analista e no bom objeto influenciava o grau de integração, que, por sua vez, influenciava a atitude da paciente em relação à dor psíquica.

Percebia que minhas intervenções poderiam ser sentidas por Lia como persecutórias ou ameaçadoras e proporcionariam um aumento das suas defesas, impedindo-a, ao mesmo tempo, de aprofundar-se no contato afetivo e de expandir sua possibilidade de fantasiar e simbolizar[58]. O tipo de interpretação mais eficaz com Lia era aquela que construíamos juntas, fruto da

58. Safra (1999) aponta que pessoas que não puderam constituir o tempo subjetivo sofreram um desencontro precoce entre seu ritmo e a maneira como o mundo se organizou, estabelecendo uma fratura de não-ser em seu *self* que acarretará um conflito com a realidade, um núcleo psicótico. Durante o processo psicanalítico, esses pacientes necessitam impor seu ritmo pessoal. "É este tipo de experiência que possibilita o surgimento do tempo subjetivo, que lhe dá acesso à vivência de duração de si mesmo e de sua existência". Safra alerta que "o pior que pode acontecer, nestas ocasiões, é o analista abordar este fenômeno como resistência, o que certamente colocará a análise em impasse, já que se repete, dessa forma, a situação da não-constituição do tempo subjetivo. O paciente ficará excessivamente próximo das ansiedades impensáveis, antes que tenha condições psíquicas para abordá-las" (p. 58).

relação da qual participavam, de modo diferente, as duas mentes (do analista e do analisando), com uma contribuição ativa por parte dela, como se fosse uma pecinha do jogo do lego com múltiplas possibilidades de ligações. Desse modo, quando não havia muitos momentos de interpretações disruptivas, a verdade podia vir à tona, como uma verdade conversada, sem perder de vista a qualidade da transformação.

Procurei escutar sua comunicação não como fatos de sua vida externa nem como o que ocorria no seu mundo interno, mas, sim, como uma fala contínua daquilo que se passava no interior da sessão, atenta a qualquer conluio que se pudesse estabelecer entre nós para que a investigação não ocorresse. Foi importante lançar mão da atividade ficcional, aquela de poder sonhar os sonhos que o analisando não sonha ou, mais apropriadamente, o sonho que permeava o seu mundo emocional, como instrumento de acesso ou de abertura ao que havia de mais verdadeiro em Lia. Por meio da compaixão e da verdade, oferecia recursos para reparar os danos do pensar da paciente, as angústias impensáveis, o terror ao colapso.

Nesse caso, foi fundamental dirigir a análise para aquilo que, entrava o processo de subjetivação e a revelação de seu psiquismo, aquilo que dificultava o reconhecimento de suas diferenças psíquicas em relação às do grupo familiar, e discriminar as identificações projetivas intrusivas — identificações mórbidas, aquelas que envolvem pelo menos duas gerações —, procurando restituir a trama secreta que pertencia ao passado, para possibilitar a libertação do desejo dessa paciente que estava aprisionada em sua história.

Selecionei algumas vinhetas clínicas que ilustram, especificamente, esses aspectos intergeracionais.

Primeira vinheta de uma sessão com Lia

Lia, já há uma semana, tem me falado de sua aflição com os preparativos da festa de aniversário de sua filha. Nesta sessão, ela chega muito ansiosa, deita-se e logo começa a falar sobre suas preocupações com a festa:

***P** — Estou muito nervosa. Essa noite eu não conseguia dormir. Ficava passando e repassando todos os preparativos para a festa... Fico achando que não virá ninguém, que eu me esqueci de fazer alguma coisa...*

Essa é uma queixa que sempre aparece antes das festas de aniversário. Eu a escuto sem poder compreender, pois Lia me parece capaz e sempre tem êxito quando recebe amigos em sua casa. Sua queixa não fazia sentido; tudo parecia irracional. Que angústia seria essa? Que sentido teria essa angústia? Pensei se não estava expressando transferencialmente seu desejo de eu poder estar na festa, com ela, mas também não fazia todo sentido. Toda a alegria de uma festa se transformava em depressão e angústia, e isso me soava enigmático. Comunico isso a ela, convidando-a a investigar comigo esse paradoxo. Lia, então, começa a chorar e a falar de uma recordação de um momento de sua infância:

***P** — Quando eu era pequena, tive um aniversário que era num "buffet", com teatrinho e tudo. Meus pais tiveram de viajar a trabalho e não vieram, mas eu desejava de eles chegassem para o parabéns. No entanto, não vieram; assim foi mais de uma vez. Foram muitos os momentos em que eu precisava deles e fantasiava que eles estavam chegando para me amparar, mas eles não vinham. Talvez isso tenha a ver com toda essa insegurança que estou vivendo agora.*

Eu lhe digo que esse sentimento de que não viria ninguém estava relacionado a essas vivências, quem não viria eram seus pais. Ela se sentia como se não tivesse significado, existência, para esses pais. Então, hoje, era como se não existisse, não tivesse significado para ninguém, não se sentisse querida e amada. Talvez, então, sua angústia descrita no início da sessão refletia esse sentimento de não se sentir querida e amada.

Lia emociona-se e fala do conforto de ouvir essas palavras. Parece que recupera sua esperança.

A lembrança do passado reatualizada na sessão possibilita que Lia discrimine suas vivências traumáticas perante novas experiências de vida com sua filha e não transmita para as futuras gerações angústias não digeridas.

Essa vivência infantil a marcou de tal maneira que se sente obrigada a estar presente e a festejar os aniversários de seus familiares, exceto o seu, que, ainda, carrega a dor da história passada. Sente medo de experimentar o prazer e a alegria de viver.

Segunda vinheta de uma sessão com Lia, três anos após a primeira.

P — *A festa de F. (filha) foi ontem. Eu organizei tudo, fiz em casa. Agora passou a neura daquele ano terrível (quando sua mãe esteve doente) e comecei a me lembrar dos meus anos posteriores. F. está apaixonada. É o amor, é tão lindo. Ela se preocupou em se arrumar, e eu também tinha de ficar arrumada. Acabou tão rápido. Nem acreditei que foi tão fácil fazer essa festa. Nem fiquei aflita!*

A — *Parece que você está podendo começar uma história que é a sua e a de F.*

Essa intervenção pontua a alegria de Lia diante de uma experiência emocional nova, discriminada das vivências de fantasias terroríficas que habitavam sua mente e impediam esse tipo de satisfação tão genuína. Lia participa intensamente da organização da festa e da festa propriamente dita. Sua presença é sentida pela filha, que sente que sua mãe está atendendo a seus desejos e compartilha seu aniversário, reconhece e sente-se grata. Lia sentiu o reconhecimento de sua filha e parece que se fortalece ao perceber que pode modificar o destino, no qual tudo se repetiria tal e qual sua experiência com sua mãe deprimida. Surge uma nova forma de Lia ver e valorizar o feminino.

P *— Foi importante essa festa. Quando vejo ela crescendo, que o corpo está mudando, e como ela é vaidosa...*

Esse momento inaugura um encontro afetivo verdadeiro com sua filha. Agora ela pode ser ela mesma, simplesmente mãe de F., e F., sua filha, sem todas as projeções de sentimentos não digeridos vividos com sua própria mãe.

Terceira vinheta de uma sessão com Lia, um ano após a segunda.

Lia começou um novo trabalho que a tem ocupado demais.

P *— Ontem à noite briguei com F. (filha). Ela veio me falando que queria que eu a ajudasse a fazer um trabalho para a escola e queria que eu providenciasse tudo. O ano passado, eu havia dito a ela que este ano não iria ficar fazendo trabalho para ela. Quando fui me deitar, fiquei deprimida, não conseguia dormir. M. (marido) já dormia. Acordei-o e disse o que me afligia. Ele respondeu que era bobagem. Mas eu não conseguia dormir*[59] *e fui acordá-la. Dei-lhe muitos beijinhos, e ela foi acordando. Conversei com ela que eu havia pen-*

59. No sentido geracional, posso imaginar que essa paciente, que viveu esse nível de desamparo, identifica-se com a filha desamparada, tornando-se uma mãe superprotetora, para atender ao seu desamparo e não ao da filha; assim sendo não pode atender verdadeiramente a nenhum deles. Quando cai na angústia de desamparo e não consegue pensar, Lia não pode contar com o objeto compreensivo, como sugere Bion, o ego não tem meios para distinguir entre um objeto bom ausente e a presença de um objeto ausente persecutório. Essa falha na introjeção de objeto bom desencadeia momentos em que Lia vive uma desmentalização e superficialização de suas experiências de vida.

sado uma solução, e o olhinho dela foi ficando aceso e alegre. Também falei que eu via que ela estava crescendo e que ela podia conversar comigo sobre essas coisas de mulher para mulher quando ela quisesse, coisa que não pude fazer com minha mãe.

Recorda-se, na sessão, de sua puberdade conturbada, quando sua mãe esteve muito doente. Para Lia, ser mulher ficou associado a um objeto estragado, doente, a um sentimento de prejuízo e de injustiça.

A — *Há momentos em que você fica como a sua mãe naquela época, impedida de pensar, de conversar, de ajudar-se a si mesma a encontrar uma solução...*

P — *É algo de minha mãe que ressurge, como se fosse seu desejo de que eu não dê certo na vida... Sou muito rígida. Ela (F.) tem de me obedecer, tem de ser o que eu quero.*

Assim, Lia fala-me de um mandato intergeracional, um destino traçado por sua mãe, que a aprisiona.

A — *Essa rigidez lhe deixa paralisada. Aquilo que você disse, você transforma numa lei, e não tem saída.*

Ela muda de assunto e me pergunta se eu me lembrava de uma história que ela me havia contado sobre uma amiga não muito próxima.

A — *Lá vem você de novo cuidando dos outros...*

Essa intervenção busca discriminar a necessidade de Lia repetir a experiência de cuidar de sua mãe deprimida para lhe dar vida (que contém a marca da introjeção e da identificação com esse genitor, que foi só onipotência e onissofrimento) da mulher que hoje pode sentir-se viva cuidando de si com os recursos que tem para isso.

Ela associa com um filme que assistiu no fim de semana, em que se identificou com uma das personagens que vive se ocupando com a vida dos outros.

Lidar com a carga de identificação mórbida, que caracteriza sua relação com sua mãe, é muito duro para Lia, e ela se defende. Tenho de acompanhar muito de perto os movimentos da sessão no sentido de ir desfazendo essa identificação, fruto de uma transmissão intergeracional.

Quarta vinheta de uma sessão com Lia

Inicia a sessão falando de um sentimento de calmaria, num tom depressivo.

Em seguida, num tom melancólico, relata que no fim de semana foi pescar com sua filha, o que a fez recordar-se da sua infância, quando, acompanhada de seu pai, pescava aos domingos no clube. Recordou-se também das missas de domingo na capela do clube e do sentimento de falta da presença de sua mãe durante várias datas significativas. Relata que, quando era pequena, seu pai a ensinava a arrumar o quarto, a fechar a pasta de dente, o vidro de geléia, e, quando ela argumentava que estava com pressa, o pai lhe dizia carinhosamente: "Só mais um pouquinho. Não vai dar tempo para isso". Percebeu-se repetindo essa frase para sua filha.

Retomo sua primeira frase, convidando-a a investigar:

A — *O que será esse sentimento de calmaria?*

Ela o associa com a pescaria que havia me relatado, com o início de seu novo trabalho, a que muito ansiava, e com sua realização afetiva no relacionamento com a filha e com o marido. "Está tudo bem. Isso me assusta."

Enquanto eu a escuto, reflito sobre o que havia me contado de seu pai. Eram recordações de um contato continente e afetivo vivido com ele. Também me pergunto: será que está surpresa, estagnada diante de sua experiência profissional que desfaz a fantasia de incapacidade, que desfaz o destino traçado por sua mãe, que desfaz a experiência de depressão associada à figura da mãe, ou será um sentimento de prelúdio de uma desgraça, que ela não pode escapar à repetição? Recordo-me de que, toda vez que conquistava autonomia psíquica, o medo do colapso (Winnicott, 1963) e a ameaça terrorífica de fantasmas apareciam e "quase" a paralisavam. Antigamente ela, ficava imobilizada na cama sem possibilidade de pensar.

A — Parece que agora a personagem principal talvez seja você mesma. Você pode recuperar as lembranças da sua vida, e ficamos diante de você mesma. Ao estar diante do desconhecido do seu jeito de ser, pode surgir o vazio[60] *diante do novo, que você chama de calmaria.*

Ela me fala que tudo isso é muito novo e que sente medo do novo, como se fosse a vivência de um colapso e logo devaneia...

Percebo que começa a diminuir sua luta constante contra objetos internos impositivos, juntamente com a engrenagem tirânica de sua mente, que a aprisiona e a impede de diferenciar-se e de ser ela mesma.

Quinta vinheta de uma sessão com Lia, um ano depois da quarta

Ela fala sobre o fim de semana. Tinha viajado para a cidade de sua sogra, que deveria ser operada. Uma vez que, no sábado, nada tinha

60. Teme o horror ao vazio, ao desconhecido, e como defesa organiza um vazio controlado, impedindo que possa aprender. Em outros momentos preenche esse vazio com sua voracidade quase compulsiva. Seu medo do colapso está relacionado ao medo de um acontecimento passado que não pôde ser elaborado, da repetição de sua história idêntica à de sua mãe (Winnicott, 1963, p. 75-6).

se confirmado com relação à cirurgia, ela decidiu retornar, com o marido e a filha.

Quando chegou a São Paulo, soube que a cirurgia tinha sido marcada e ficou extremamente dividida em passar o aniversário de sua filha com ela ou acompanhar o marido, que estava muito aflito com a cirurgia da mãe.

A todo momento vinha em sua mente seu aniversário na qual sua mãe estava hospitalizada e em que se sentiu abandonada. Sente-se muito angustiada, pois não quer que esse tipo de experiência tão dolorida se repita com sua filha.

Em meio a esse conflito, decide conversar com a filha e contar-lhe o quanto estava dividida em ficar com ela no seu aniversário ou acompanhar seu pai nesse momento de tanta tensão.

A menina, com muita tranqüilidade e sem titubear, diz: "Haverá muitos aniversários, mamãe. Acho que você deve ir com o papai".

Rapidamente, ela fez a mala e tomou o avião, aliviada. Sentiu sua filha adulta e sentiu-se segura em tomar essa decisão, confiante de que sua filha pôde compreendê-la.

Aponto que essa experiência era um ponto crucial, um "turning point", na sua história emocional. Nascia um sentimento de que ela podia confiar que tinha coisas boas dentro de si e dentro de sua filha, que permitiam que deixasse sua filha e acreditasse que ela ficaria bem. A menina não se sentiria abandonada. Era mais um momento que marcava sua discriminação da história vivida com sua mãe, que sua filha não se sentiria abandonada, como ela havia se sentido, e, ao mesmo tempo, que ela não era como a sua mãe, que tinha falhado na função materna. Há uma relação de confiança e força capaz de suportar essa separação. Ela confiava na maternagem que tinha estabelecido com a filha.

Lia emociona-se e confirma esses sentimentos. Fala, aliviada, que uma nova história estava nascendo e estava orgulhosa diante da constatação do novo modelo de relação que construiu com sua filha.

Discussão

1. Esses fragmentos nos confrontam com os aspectos identificatórios de áreas psicóticas herdadas que provocaram efeitos devastadores na constituição do psiquismo de Lia. Ilustram uma situação emocional de ausência de um mundo mental capaz de suportar a dor psíquica e digerir as experiências afetivas na sua vivência com a mãe, com a filha e, agora, na situação transferencial com a analista. Lia perdia-se em relação ao tempo e ao espaço, não reconhecia o que já fez, não localizava onde ela própria estava e onde estava a filha, não podia ficar só. Apontava para uma vivência de desamparo, para uma experiência primitiva que falhou no período da não-integração, quando o que ela necessitava era entregar-se ao ambiente e deixar-se cuidar. Deixada a si mesma, perdia-se, desorientava-se, desorganizava-se emocionalmente. Daí também suas crises de medo e, ainda, de hipocondria, sinalizando que alguma coisa terrível podia irromper bruscamente na sua realidade psíquica. Foi possível observar que havia uma ameaça no seu interior e no exterior por perigos não-especificados.

Há dados suficientes para supor que os estragos à realidade psíquica da paciente foram extensos. Sua atenção privilegiava o mundo externo em detrimento do interno, que sofria precocemente um estrangulamento e um esvaziamento provenientes da própria identificação mórbida. Os recursos internos para a representação e a expressão dos afetos tornaram-se atrofiados. Lia ficava despojada internamente de recursos, para sentir, produzir e elaborar seus pensamentos como ser humano. Não só a sua vida se tornava entediante e desinteressante, mas também se sentia incapaz de entusiasmar-se com qualquer coisa. Evitava perceber-se e ter qualquer vislumbre de sua intimidade. Sua incapacidade de "sonhar", sentir e simbolizar estava relacionada com sua atitude de "alerta" na maior parte do tempo, dentro e fora das sessões.

Não apenas a mãe ausente e deprimida, como a de Lia, mas também outros tipos de distúrbios emocionais da mãe podem interferir na facilitação ou não da constituição do *self* do bebê[61].

É possível que a mãe não possa separar-se do bebê tão logo seja necessário para ele se desenvolver. E, então, perdura um tipo de dependência em que o bebê vem atender à demanda de necessidades emocionais da mãe, que não pode separar-se dele, mantendo a fusão inicial. O bebê, então, "aprende a ter aquelas necessidades que dão à mãe a sensação de se sentir viva" (Dias, 1994, p.71) e atuante, encarregando-se de mantê-la assim. Caracteriza-se, portanto, uma vinculação patológica mostrando a dependência da mãe em relação ao bebê, não dando lugar para que a dele ocorra e muito menos para que venha a se tornar uma individualidade. A patologia da avó transitando pela neurose da mãe culminará em uma psicose do neto ou neta. Então, teríamos a transmissão transgeracional, não uma transmissão genética, mas uma transmissão por meio de relações de interdependência. Isso pôde ser observado na repetição de uma mãe frágil no relacionamento de Lia com sua filha. Dizendo

61. Como Winnicott (1965c) assinala no trabalho *O relacionamento inicial entre uma mãe e seu bebê*: "Num extremo, temos a mãe cujos interesses próprios têm caráter tão compulsivo que não podem ser abandonados e ela é incapaz de mergulhar nessa extraordinária condição que quase se assemelha a uma doença, embora, na verdade, seja bastante indicativo de boa saúde. No outro extremo, temos a mãe que tende a estar sempre preocupada, e nesse caso o bebê torna-se sua preocupação *patológica*. Essa mãe pode ter uma capacidade especial de abdicar do próprio *self* em favor da criança, mas qual o resultado final disso? É normal que a mãe vá recuperando seus interesses próprios à medida que a criança lhe permite fazê-lo. A mãe patologicamente preocupada não só permanece identificada a seu bebê por um tempo longo demais, como também abandona de súbito a preocupação com a criança, substituindo-a pela preocupação que tinha antes do nascimento dela" (p. 22).

para si mesma estar tomando conta da filha, Lia dependia da filha para acalmar seus medos. Essa questão de como a psicanálise pode contribuir na prevenção da doença mental é uma preocupação constante em toda obra de Winnicott.

Suponho que, em consequência de falhas na capacidade de *rêverie* materna e a aspectos constitutivos e ambientais, não foi possível a Lia introjetar um bom objeto, capaz de conhecer e observar, o que resultou em uma falha na própria capacidade de *revêrie*, ou seja, no desenvolvimento da capacidade de pensar, fantasiar, representar, simbolizar as próprias experiências emocionais. Parece ter havido uma inversão da função materna, e Lia passou a sentir que cuidava da mãe. Assim, necessitava de um objeto localizado no mundo externo, o qual pudesse conter suas projeções e seu sofrimento psíquico. Precisava do reasseguramento externo para sobreviver. Construiu uma estrutura onipotente e controladora, comandada pelo superego[62] primitivo, subordinando o ego, o que a impedia de aprender com a experiência e de introjetar um objeto confiante e capaz de pensar, assim como de representar qualquer situação nova, habitada pela vida mental de sua mãe. Nesse estado de controle em que se encontrava, não podia entregar-se a qualquer experiência e muito menos refletir sobre ela, pois sua capacidade de pensar estava bloqueada pela regência desse superego. Era como se a mente tivesse uma espécie de formação tumoral que produzia substâncias concretizantes e intoxicantes para a vida mental, da qual temia a irrupção imprevista na vida psíquica, tornando-se necessário um sistema de alarme que pudesse alertá-la desse perigo.

Lia construiu dois mundos coexistentes: por um lado, um mundo familiar idealizado, que servia para a reparação maníaca de suas perdas; por outro, um mundo de objetos perdidos que mantinha sua

62. A transmissão psíquica entre gerações veicula o modelo do parentesco, o mesmo que ordena atrações e rejeições, prescrições e proscrições, que distribui o lugar de cada um dos membros da família. Ele está na origem da transmissão dos mitos, dos ideais. Modula os projetos de vida como também intervém na organização do superego individual, ora muito lábil, muito severo ou muito invadido.

existência persecutória desde o inconsciente, delegando-o silenciosamente à geração seguinte. O medo de um colapso[63], que ameaçasse esse mundo idealizado, assombrava constantemente o mundo emocional de Lia.

Faltava uma configuração emocional básica. O estado deprimido de Lia estava associado a uma identificação mórbida com a própria mãe e não podia perceber que tinha outros recursos diferentes dos da mãe.

Lia foi obrigada, quando criança, a fazer precocemente o luto de uma mãe que se tornou psiquicamente inacessível. Sabemos que, quando a criança é confrontada com um sofrimento psicótico, ela se torna objeto de um investimento parental que gera um sofrimento de ordem psicótica.

Diante de sua mãe doente, Lia, quando ainda criança, adotou a função de mãe para com ela, sob um enorme fardo emocional, pois não tinha estrutura psíquica suficiente para tanto. Foi possível observar os efeitos destrutivos, em longo prazo, desse fardo psíquico sobre sua atividade psíquica, sobre sua incapacidade de sonhar e de pensar.

Observei, durante o processo analítico com Lia, que seu *self* estava habitado pela história de vida de sua mãe e, portanto, tudo na sua vida seria tal e qual se passou com ela, como se sua mente tivesse sido clonada da mente de sua mãe. Então, sua família seria composta de três filhos, como a de sua mãe; ela passaria por uma depressão severa na mesma idade que sua mãe passou ou quando sua filha tivesse a mesma idade que ela tinha quando sua mãe foi hospitalizada; ela viveria várias crises conjugais, como no casamento de sua mãe; e assim por diante. Lia convivia com o fantasma de que a loucura da mãe podia irromper de dentro dela a qualquer

63. É preciso considerar as nuanças do realismo de geração e da temporalidade linear concedendo crédito ao potencial traumático do acontecimento já ocorrido: por exemplo, as crises depressivas da mãe de Lia. Fato que condensa nascimento e morte, vida e morte. Mas esse traumatismo só adquire efetividade psíquica na temporalidade da posteridade via funcionamento mental inconsciente de indivíduos sucessivos da descendência que queiram interpretar, construir uma fantasia, uma teoria, na verdade, um delírio.

momento. Enfim, situações que, provavelmente, não foram processadas na mente de sua mãe e, por dificuldades emocionais de Lia, resultaram numa mente mobiliada por esses elementos nefastos, que demandavam um processo de discriminação analítico para que pudesse surgir uma mente própria.

Na medida em que Lia pôde construir, na relação analítica, um vínculo afetivo estável, constante e de confiança (dependência afetiva para Winnicott, vínculo "L" e "k" para Bion), pôde nascer à esperança de poder marcar alguém no coração e de se sentir amada e importante para alguém.

No fim, Lia conseguiu conceber que devia a vida à sua mãe e ao seu pai. E estabeleceu um relacionamento afetivo com seus pais, um tanto desconfiado, mas também caloroso. Entretanto, acima de tudo, o que se transformou é que ela sentiu que cabia a ela ser autora e atriz de sua própria vida. Outra história original e com maior vitalidade começou a poder ser contada, escrita e projetada no futuro.

2. O *self* de Lia era habitado pela mente de sua mãe. Isso se deu por meio de identificações mórbidas das quais Lia buscou, com muito esforço, desidentificar-se. É possível supor que, se o trabalho analítico não se tivesse dado, esse processo se perpetuaria em sua filha. As angústias vividas na relação com sua mãe invadiam-na e aterrorizavam-na, resistindo à minha aproximação para conhecermos, nomearmos, ou mesmo para que um desenlace promovesse o nascimento de uma mente própria.

O processo de introjeção, isto é, a construção de um objeto num espaço interno em Lia, ficou prejudicada. Esse objeto com o qual o sujeito dialoga, fruto da internalização da função analítica, pôde oferecer uma compreensão interna mais aprimorada (função alfa), que se diferenciasse de uma compreensão meramente intelectual, mas que só pôde ser introjetado quando Lia pôde desidentificar-se das excessivas identificações projetivas intrusivas do objeto externo — identificações mórbidas.

Também pude observar, na descrição deste caso, o que Faimberg (1993a) aponta com relação às identificações alienantes, isto é, um psiquismo ao mesmo tempo vazio, por causa da apropriação do que é bom e espontâneo de si mesmo, e cheio em excesso por causa da intrusão dos elementos rejeitados pelos pais. Lia vivia um sentimento de estranheza diante da experiência de ter uma organização sinistra no seu psiquismo, que pertencia a outro, a sua mãe. É nisso que consiste a alienação. Nosso trabalho foi o de desenrolar essa trama de elementos inconscientes ligados, na maioria deles, à história emocional de sua mãe, no sentido de possibilitar o desabrochar de um psiquismo.

Ao poder escutar, nos relatos de Lia, o excesso de identificações mórbidas, originadas e presentes na relação com sua mãe (que era repleta de identificações intrusivas) e, aos poucos, ir possibilitando desidentificações, discriminações entre quem era Lia e os aspectos "doentes" de sua mãe, permitiu-se que ela construísse um mundo de fantasias próprio e começasse a sonhar...

3. Neste caso, embora não tenha descartado a contribuição teórico-clínica neokleiniana para a compreensão do funcionamento mental de Lia, fui percebendo como essa leitura não permitia que a paciente pudesse entrar em contato com sentimentos próprios por causa de seu temor de vir a se deparar com uma depressão psicótica idêntica à de sua mãe. O fato de eu poder reconhecer a experiência traumática que ela viveu de fato, não como fantasia, com sua mãe, com quem não pôde viver a dependência absoluta, o campo de ilusão, e, aos poucos, ir desiludindo-se rumo à dependência relativa, permitiu que ela se desidentificasse desse objeto deprimido e intrusivo. Acredito que só com esse processo de poder separar o que dizia respeito à história de sua mãe e o que de fato lhe pertencia é que Lia pôde iniciar a constituição de um psiquismo próprio. E, assim, aos poucos, Lia começou a introjetar um objeto analítico, confiante e continente, capaz de pensar e de construir uma relação espontânea e autêntica, especialmente com sua

filha, sem repetir, de forma automática, a história de sua mãe, a história transmitida intergeracionalmente.

Isso apenas foi possível na medida em que Lia se desidentificou desse objeto intergeracional, dessas vivências reais e exitosas, das identificações mórbidas hóspedes de seu *self*. Do contrário, a paciente não conseguia desenvolver um mundo próprio de fantasias e sonhar. A concepção kleiniana de fantasia inconsciente, nesse caso não ofereceu um sentido a essas experiências factuais que Lia viveu com sua mãe.

Acredito que, neste caso, somente com a compreensão da história das experiências vividas por Lia nos primeiros cuidados maternos e nas vicissitudes de sua relação com sua mãe, escutando analiticamente os fenômenos intergeracionais, é que se tornou possível oferecer alguma representação aos seus medos impensáveis e se favoreceu o nascimento de um mundo de fantasias. E foi fundamental para que alguma transformação emocional fosse alcançada.

Outros fenômenos transgeracionais mais complexos, repletos de identificações mórbidas, transmitidos inconscientemente por várias gerações, sem poder ser simbolizados, terminam por enlouquecer o outro. É o que discuto no relato de caso do Capítulo III.

Capítulo III

Um *self* parasitado por *outrem*

> *Há um cruzamento. Nesse cruzamento encontramos a junção do individual e do familiar (um e outro tantas vezes entremeados); entre a psicose e a perversão narcísica (um e outro mais próximos do que queremos acreditar); entre a ambivalência e a ambigüidade (esta tão discreta e a outra tão ecoante); entre o singular e o universal (esta aliança é própria da origem da psique); enfim entre a vida e a não-vida; seria um erro — não raro — acreditar que a vida é toda ela inteira do lado da saúde e a não-vida do lado da psicose; até lá no fundo das psicoses há sempre um tanto de vida: Eros e Ante-édipo aí velam. No trabalho com pacientes psicóticos e suas famílias há que se explorar formas de vida dentro da não-vida do psiquismo, pressentindo e deixando emergir estes aspectos a partir dos germes de vida que subsistem.*
>
> Racamier, 1992, p. 17.

Nesse cruzamento, encontramos escondidos os segredos e o local onde reside o sofrimento de Renata e o sofrimento da sua família, que são recusados, transmitidos e/ou expulsos. Procurei seguir o percurso complexo desses aspectos enigmáticos, estrangeiros e ocultos que foram, por muito tempo, evitados de ser olhados e considerados. Exigiu recursos criativos para que pudesse transitar por essa rotatória complexa, com suas vicissitudes, transformações, articulações e circulações intrapsíquicas e interativas. Mas pude contar com Renata, que, com sua maneira de tentar ser, com seu sintoma, me foi ensinando a velocidade adequada e anunciando as curvas e os obstáculos presentes nessa travessia.

Renata, é uma menina de 15 anos que procurou o Instituto Therapon Adolescência apresentando transtornos emocionais graves. Ela é a única filha de um casal que se separou aos quatro meses de casamento, quando a mãe estava grávida de um mês. A mãe tem hoje 39 anos, não tem profissão definida, ocupando-se basicamente das prendas domésticas, e, desde a separação, reside com sua mãe, avó de Renata, a pessoa que fez todo o contato inicial, dando todas as informações e autorizando o tratamento da neta no hospital-dia do Instituto Therapon. A mãe de Renata, relatou a avó, "é uma pessoa muito perturbada. Ela tem psicose maníaco-depressiva". O pai[64] da paciente, 43 anos, advogado, mora no Nordeste do Brasil e não teve contato com a filha. Ele também é descrito pela avó da paciente como uma pessoa muito perturbada, possivelmente com comportamentos psicopáticos. A avó desempenha, no lugar da mãe de Renata, as funções maternas, com um comportamento controlador sobre a filha e a neta.

A avó é de uma família de origem árabe, libanesa, em cuja cultura a mulher é desvalorizada em relação aos homens, como ela mesma nos conta. Quando jovem, estava destinada a se casar com um "primo árabe" escolhido pelo pai, mas rebela-se contra isso e casa-se com um brasileiro, Renato (note que a neta tem o mesmo nome do avô). Casa-se porque está grávida da mãe de Renata, mas sua família não podia saber disso, pois, "caso soubessem, seu pai poderia até matá-la". Quando sua filha nasceu, a avó de Renata é banida da família, deserdada pelo pai, que não mais a aceitou até o dia de sua morte, e excluída pelos irmãos. O casamento dos avós de Renata é infeliz. Logo na lua-de-mel, descobriu que não havia feito uma boa opção.

64. Nós tentamos contatá-lo no início do tratamento, mas não foi possível, não chegamos a conhecê-lo. Ele veio a falecer dois meses depois de iniciado o tratamento de Renata conosco.

Foi uma má escolha. Ele batia nela; era uma pessoa instável, mulherengo, "sumia de casa por uns tempos e depois voltava pedindo perdão". O casal foi vivendo várias crises econômicas, chegando a uma situação de empobrecimento, quando o avô, que era publicitário, perde tudo em 1984, ano de nascimento de Renata.

Dos quarenta anos de casados, apenas nos últimos dez é que Renato (o avô) tem sido companheiro da esposa e muito por causa da neta, Renata, que lhe desperta pena por causa de seus problemas emocionais. Nos últimos anos, tinham uma lanchonete, que agora é do avô e do filho (segundo e último filho do casal, tio de Renata), pois a avó vendeu sua parte na sociedade para cuidar da saúde de sua filha, de sua neta e da própria.

O filho do casal, tio de Renata, quatro anos mais jovem que sua irmã, é homossexual. A revelação dessa condição sexual para a família foi catastrófica. O pai expulsou-o de casa na ocasião. e eles brigaram a ponto de o filho agredir o pai fisicamente. Hoje estão parcialmente reconciliados, mas, como o filho não mora mais com eles, isso é motivo de muito sofrimento para a avó de Renata.

A mãe de Renata tem o segundo grau de escolaridade completo, formou-se em inglês, mas nunca exerceu uma profissão. Parece ter sido sempre uma pessoa quieta, introvertida, talvez por demais submissa à mãe, até conhecer aquele que veio a ser seu marido. A avó de Renata reprovava o relacionamento por achar que o rapaz não era boa pessoa. Chegou a mandar o rapaz embora quinze dias antes do casamento, mas a filha tentou suicídio, tomando sedativos e ficando em coma por oito dias. Depois disso, mesmo contra a vontade da mãe, a mãe de Renata casou-se e foi morar com o marido no Nordeste, pois a família dele é de lá (inclusive com posses e influência política). Uma vez morando lá, a filha telefonava chorando, dizendo que era maltratada, pois não sabia cuidar da casa e do marido, sendo ambos sustentados, a distância, pelos avós de Renata. Depois de muita confusão, aos quatro meses de casamento e grávida de um mês, a mãe de Renata volta para a casa da mãe, passando o pai a visitar a esposa a cada dois meses durante a gravidez. Até que, numa ocasião, brigaram de um modo mais rude, e a avó colocou o pai de Renata definitivamente para fora da casa dela. Após o incidente, o pai de Renata só voltou quando nasceu a filha, para fazer seu registro civil.

Os pais de Renata separam-se legalmente e passam a viver uma disputa judicial em função da pensão da filha. Ao longo desse tempo, a mãe de Renata vai desenvolvendo ou piorando um quadro de depressão melancólica. A mãe de Renata, atualmente, é acompanhada por psiquiatra e por psicoterapeuta.

A avó ainda cuida e é a responsável pela filha, pela neta e por uma irmã que sofreu um derrame. Após a morte de seu pai, ela continua sendo desprezada pela família, vivendo com dificuldades econômicas e impossibilitada de trabalhar. Ela somatiza com intensidade. Como resultado, perdeu o estômago. É uma pessoa com transtornos emocionais de natureza depressiva. É acompanhada por psiquiatra, do qual recebe medicação para seus sintomas depressivos, além de freqüentar a Igreja Messiânica, na qual "tem encontrado algum conforto para seu sofrimento".

Recapitulando, essa avó, que é depressiva, teve um casal de filhos: a filha tem transtorno bipolar e o filho é homossexual. A neta, filha da filha, é psicótica. O genro, psicopata, e o seu marido é depressivo.

Renata cursou até a quarta série do primeiro grau, em escola normal, mas já apresentava alterações em seu comportamento emocional por volta dos 6 anos de idade. Foi amamentada durante três ou quatro dias, tendo tido uma mãe muito deprimida, apática, desde o seu nascimento. A paciente teve convulsões a partir dos seis meses de idade até os 2 anos. Foi submetida a muitos exames e investigações diagnósticas para esse sintoma. Chegou a ser internada e medicada com anticonvulsivantes, mas nunca se chegou a um diagnóstico definido. Aos 2 anos de idade, a avó passou a levá-la a um. centro espírita, o qual freqüentou por dois anos. Nesse meio tempo, as convulsões desapareceram e não mais retornaram. Teve, com todos esses fatores intercorrentes, um atraso em seu desenvolvimento neurológico e psicomotor, andando com 2 anos e meio e falando aos 4 anos e meio.

Seu quadro de transtorno emocional foi piorando progressivamente, levando-a a interromper sua freqüência à escola. Esteve sob acompanhamento psicoterápico e psiquiátrico em diferentes serviços em sua já crônica história de transtorno emocional. Apresenta intensos sintomas psicóticos, como alucinações auditivas com vozes de comando, alterações do pensamento (irradiação e desagregação), delírios[65] persecutórios envolvendo seus familiares, auto-agressividade e heteroagressividade, além de comportamento pueril, apontando-se para a hipótese de diagnóstico psiquiátrico de esquizofrenia indiferenciada de curso episódico com déficit estável. E está sendo devidamente medicada.

Quando Renata iniciou seu tratamento no Instituto Therapon, havia, por parte da equipe técnica e dos pacientes, a expectativa da entrada de um novo paciente e em particular de uma menina, a qual inauguraria uma configuração mista para o grupo de pacientes. No entanto, Renata lembra mais um menino quando a vemos de costas. Tem seus cabelos cortados bem curtos, veste calças de moletom e camisetas largas, de tal forma que esconde seus seios.

Tem pouca capacidade de concentração, ouve vozes, reza e conversa com Deus o tempo todo e, com facilidade, sente-se perseguida por alguma pessoa. Está sempre acompanhada por um lencinho, com o qual enxuga suas lágrimas, pois chora com freqüência.

Renata necessita de muito contato físico. Ela aprendeu e gosta muito de lutar judô, mas, ao lutar, não poderia ser por brincadeira; teria de ganhar ou perder. Quando já havia estabelecido contatos físicos carinhosos com as pessoas da equipe, dando a mão, abraços e beijos, foi possível participar de um jogo de lutas. Nesse momento,

---

65. Uma das funções do delírio é a de preencher lacunas na história do sujeito. O sintoma de Renata pode ser considerado como indicador de transmissão de um vínculo familiar narcísico, que denuncia a transmissão de algo impensado.

ela foi aceita pelo grupo de pacientes, respeitada pelo seu conhecimento de golpes, e pôde usufruir o prazer da atividade, mostrando, até mesmo, certa excitação e interesse sexual, por causa do contato físico (particularmente com um dos técnicos, embora também lutasse com alguns pacientes).

A sexualidade recusada de Renata também se manifesta por meio de uma lista de "palavras especiais", que foi progressivamente sendo contada aos técnicos, sempre de modo reservado, em segredo, e as quais não podem ser pronunciadas, pois, do contrário, provocam grande excitação e medo em Renata. Essas palavras — febre, confessar, travada, nove... — têm intensa conotação sexual erótica. Quando esse tema aparece com um técnico homem, surge uma fantasia de que algo de muito perigoso pode acontecer. A experiência contratransferencial, nesse caso, é de que a fantasia erótica é acompanhada de muita agressão, de muita fantasia agressiva, e é, por isso mesmo, muito angustiante. Uma angústia de natureza fortemente psicótica.

Isso também exemplifica a dificuldade de representação e expressão da sexualidade feminina na família de Renata e nela mesma. De forma curiosa, sexualidade feminina que estava sendo tão ansiosamente projetada, pelo grupo de pacientes, na entrada dela na instituição. A vida sexual ou a sexualidade, de modo mais amplo, nessa família é marcadamente insatisfatória. E é possível observar a transmissão do recalcamento da sexualidade através de gerações, neste caso.

Renata escreve muito bem e utiliza a escrita como forma de comunicação. Escreve cartas para os técnicos com quem tem mais contato, na maioria das vezes pedindo ajuda por se sentir muito triste e só. Nas atividades terapêuticas, observamos uma disparidade entre o modo como se comporta e o que ela escreve. Neste último, freqüentemente se apresenta mais organizada, em especial para mostrar seus sentimentos.

Renata fala muito pouco de seu pai. O pai da paciente, que veio a falecer dois meses depois de Renata ter iniciado seu tratamento, quase não teve contato com a filha. Um dia, após uma oficina, ela me pede que escreva uma carta para ele:

> *Para o meu pai: de sua filha Renata*
> *Oi pai,*
> *Eu tenho uma palavra especial, que é a palavra febre. Febre quer dizer se apaixonar por uma pessoa, sentir tesão e felicidade. Isso é um segredo que eu estou te contando.*
> *Eu queria ganhar presentes de você. Eu queria que você pagasse a minha pensão. Eu queria que você me visitasse.*
> *Eu estou na aula de natação e já aprendi a nadar.*
> *Eu queria ser feliz!*
> *Um beijo, tchau!*
> *Renata — 25/10/99*

Essa carta foi enviada por nós no mesmo dia em que seu pai faleceu. Com essa carta, escrevi a seu pai informando sobre o tratamento de Renata no Instituto Therapon. A família dele, quando a recebeu, entrou em contato com o Instituto, solicitando o telefone de Renata para avisar sua família do falecimento de seu pai. Quando sua avó soube, ela demorou dois meses para revelar a Renata essa notícia e a de que passaria a receber a pensão que seu pai deixou para ela, tão pedida por ela, e ainda que tinha um irmãozinho do segundo casamento do pai. Esse não é o único segredo ou fato não esclarecido, ocultado, enigmático na história dessa família. Essa situação também ilustra a dificuldade dos avós de considerar Renata como uma pessoa com seus direitos e desejo de conhecer suas origens, sua própria história.

A primeira reação da equipe técnica foi subestimar a capacidade de participação da paciente nas experiências grupais e institucionais, repetindo o que ocorre na família de Renata, com a mãe e a avó. Apesar da dificuldade em compreender o que ela fala, pois pronuncia para dentro e com um tom de voz extremamente choroso e infantil; apesar do contato turbulento que ela provoca no grupo, despertando compaixão, irritação e gozação, estimulando os aspectos sádicos dos pacientes, meninos, os quais inventam e mentem sobre coisas que ela teria feito, deixando-a perseguida, assustada e confusa; apesar disso tudo, Renata pôde destacar-se no grupo de pacientes como aquela que não é dissimulada, que não consegue esconder o que pensa (ou alucina), sendo mais expressiva e deixando mais fácil reconhecer aquilo que está sentindo. Contrastando, assim, com o grupo dos pacientes que escondem, por detrás de seus transtornos emocionais, seus verdadeiros sofrimentos, Renata despertou a possibilidade de os sentimentos aparecerem, mesmo que fossem coisas "loucas". De algum modo, ela fez emergir as vivências mais "enlouquecidas" dos outros pacientes, além de mostrar sensível percepção dos reais problemas que outros pacientes podem ter e querem esconder.

Os dados acima e a história clínica foram colhidos durante as entrevistas de triagem, as interações de Renata com os técnicos e outros pacientes durante as oficinas terapêuticas.

Passo, agora, a apresentar algumas cenas da terapia familiar psicanalítica[66] de Renata. Nos atendimentos familiares[67], Renata berrava, chorava, ouvia vozes persecutórias, ora como expressão de sua dor diante da história emocional que se revelava, ora para impedir que o processo terapêutico tivesse continuidade.

O trabalho com essa família é carregado de um discurso sem representação, frases entrecortadas, diálogos com uma seqüência de idéias que carecem de sentido, cenas borradas e embaçadas, o que exige um intenso trabalho de digestão, de discriminação e de elabo-

---

66. No trabalho com famílias de pacientes com transtornos emocionais graves do Instituto Therapon Adolescência, é possível detectar que a função parental é severamente comprometida. Na maioria dos casos a função paterna, que é fundamental na contextualização das relações iniciais com o bebê, está ausente, inexistente ou extremamente frágil. A co-construção da história familiar identificando os aspectos transgeracionais, conforme propõe Lebovici (1986), revela inúmeras situações traumáticas transmitidas através de identificações projetivas, na maioria das vezes, de forma não-verbal. A terapia familiar psicanalítica permite dar um sentido a tudo aquilo que ficou bloqueado da experiência emocional, possibilitando o trabalho de recalcamento individual.

67. Realizados por Maria Cecília Pereira da Silva e Vera Beatriz Cortez de Moraes.

ração. Durante as sessões, por meio de intervenções cuidadosas e delicadas, procuramos, muito lentamente, ir reconstruindo a história do sintoma da paciente.

Por meio do atendimento de famílias de pacientes psicóticos, fica evidente a presença de pactos inconscientes que produzem a transmissão do inconsciente de outro ou de mais de outro através das gerações, desencadeando um estado psíquico de ausência de si ou psicose. A investigação, durante os atendimentos familiares, da história psíquica transgeracional é fundamental. Outro aspecto que se destaca é a transferência multilateral que esses pacientes estabelecem com os vários terapeutas da instituição. A compreensão psicanalítica dessas transferências é feita durante as reuniões clínicas com toda a equipe técnica, nas quais podem ser revelados os significados emocionais dos laços familiares patológicos, das duplas mensagens, e não os repetir, permitindo transformações e a reconstrução do psiquismo. A terapia familiar psicanalítica, que é o *metier* no qual vou deter-me agora, vai procurar significar a psicose ou oferecer as bordas de representação para se chegar à neurose.

Durante os atendimentos familiares, fomos investigando a história transgeracional, os aspectos ocultos, enigmáticos, secretos, mantidos inconscientes a serviço de certo equilíbrio egóico, para evitar o desmantelamento psíquico de todos os membros da família e, ao mesmo tempo, impedir o tratamento. Por isso a importância de ter todo cuidado ao revelar e dar sentido a tudo aquilo que vem sendo mantido nos bastidores psíquicos há tantas gerações[68].

A história da família, desde a relação dos pais com os próprios pais e outros familiares até o início do relacionamento do casal, a concepção e o nascimento de Renata, foi sendo reconstruída e ressignificada ao longo da terapia familiar psicanalítica. O processo

68. As intervenções psicanalíticas não devem funcionar como a luz de um *flash* que ofusca a visão e pode levar a um contato insuportável com o sofrimento psíquico, causando uma ruptura não só com a experiência emocional, mas também com o tratamento.

terapêutico consiste em desfazer mal-entendidos, apontar duplas mensagens, pontuar comportamentos equivocados, discriminar identificações mórbidas, acolher a dor e o sofrimento narcísico diante da patologia de Renata.

O trabalho analítico estava voltado para que o processo de parentalização pudesse dar-se para que Renata, com um *self* parasitado por *outrem*, pudesse ser ouvida, num movimento de favorecer o nascimento de um psiquismo. A avó de Renata resistia e impedia sempre, que podia, esse processo, num movimento de fazer e desfazer o contrato de trabalho, o estabelecimento de um vínculo e a confiança no tratamento. Qualquer movimento de mudança era vivido como extremamente ameaçador e gerava movimentos de ruptura e agressividade freqüentes e intensos.

Cena 1

Este atendimento familiar foi agendado após ameaças da avó de Renata de interromper o tratamento da neta, pois estava com medo do que outro paciente poderia fazer com ela. A avó ficou sem trazer Renata durante uma semana. Marcamos, então, o atendimento com ela, Renata e sua mãe.

Renata inicia gritando e chorando, dizendo que a avó quer derrotá-la. Fala também que a avó só pensa no outro paciente do Therapon. Dissemos que Renata entende que, se ela deixar de vir ao Therapon, quem vence é esse outro paciente e que talvez ser derrotada é ficar sem tratamento.

Começamos a ouvir o cansaço da avó, que se queixa de Renata e diz que não está agüentando mais. Quando perguntamos à mãe como é a sua filha, ela diz que não tem do que se queixar de Rena-

ta. Procuramos reaproximar mãe e filha, e, neste momento, Renata beija-a e abraça-a. A mãe conta que gostaria de estar mais com a filha, mas que Renata não a ouve e só apronta com ela. Renata ri diante dessa fala da mãe e diverte-se. Conforme a mãe nos vai contando seus planos — a idéia de ter um emprego, o namorado de quem gosta —, sua vontade de poder criar Renata, a avó foi cortando a expressão incipiente de seus desejos, falando da incapacidade de sua filha, de quanto ela não iria conseguir coisa alguma. Disse que o namorado não é uma pessoa decente e que, por isso, está proibido de entrar em sua casa.

Renata fala que gostaria que a mãe lhe desse maior atenção.

Pontuamos que talvez fosse possível que elas tentassem, mãe e filha, fazer pelo menos uma coisa juntas, mas que, para isso, Renata teria de respeitá-la e sua mãe precisaria dar-lhe maior atenção. Propusemos às duas que tentassem, uma vez, vir juntas ao Therapon. Em virtude do medo da avó, diante dessa proposta de maior autonomia de Renata e de sua mãe, dissemos que talvez a vida da mãe de Renata não tenha sentido algum se ela não puder ser mãe e mulher.

Combinamos que, quando a avó estiver com medo de trazer Renata ao Therapon, não deve tirá-la simplesmente do tratamento, e sim vir para conversarmos no atendimento familiar.

Comentários

Nos raros contatos que pudemos ter com a mãe de Renata (ela quase não comparecia às terapias familiares e aos grupos de pais), ela nos conta que não pode falar nada sobre a educação de sua filha, pois sua mãe sempre lhe diz que está errada; então, opta por ignorar sua filha. A parentalização está interditada, a função materna é exercida, intrusivamente, pela avó. A mãe de Renata tem sido sempre desautorizada como pessoa, mulher, mãe e filha — não deixa de ser outra forma de, também, ser deserdada.

É extremamente ameaçador que essa dupla detenha maior autonomia e independência. A avó exerce sua tirania e controla as demais gerações.

A avó repete com sua filha a mesma interdição que viveu com seu pai: reprova o namoro da filha e rejeita-a. Desqualifica a filha e seu namorado. Como sempre, ela a deserda, repetindo sua história.

É difícil lidar com a incapacidade da mãe e da avó de se conterem e de conterem Renata. Os avós e a mãe são traumatizantes e favorecem em Renata o despedaçamento, a fragmentação psíquica. Para dar conta da situação, Renata tenta recuperar-se colocando-se e identificando-se como a culpada de tanta confusão, muitas vezes se oferecendo em sacrifício.

Todos aqueles que trabalham com famílias de psicóticos podem observar o voto letal que atinge o filho-paciente, como se ele colocasse freio na onipotência parental, quando, na verdade, ele é a garantia potencial da continuidade do narcisismo parental, como Freud destacou, com pertinência, em 1914. Os pais podem realizar por meio dos filhos, seus sonhos não-realizados, mas, identificados com o divino ou incapazes de lutar por um ideal, acreditam que o filho lhes roubará uma parcela de seu futuro. Dando-lhes a vida, eles se imaginam na possibilidade de perdedores.

Se a avó de Renata não pôde existir como mulher e ser humano diante do pai, ninguém mais dos seus descendentes poderá existir? Esse é o desafio no atendimento familiar de Renata.

Cena 2

Iniciamos o atendimento[69] *com Renata queixando-se do outro paciente, fazendo manha para a avó. Contamos que, até aquele momento do dia, ela tinha estado tranqüila e que, no Therapon, não damos corda a todas essas queixas de Renata, a menos que algo de fato tenha ocorrido. Dissemos, ainda, que bater não é permitido no Therapon e que Renata sabe que, se algum menino bater nela, nós chamamos os pais do paciente para virem buscá-lo.*

Procuramos entender o que Renata quer provocar na avó com isso. Ela, então, faz uma daquelas cenas em que urra e sai do atendimento. Trouxemos Renata de volta e falamos sobre quanto ela sabe ganhar sendo a louca ou a criança, sobre como ela faz um jogo de vencedor e derrotado no momento em que não aprovamos seu comportamento. Dissemos que, no Therapon, além de a protegermos, esperamos que ela participe das atividades comprometendo-se com o tratamento e que, muitas vezes, ela procura beneficiar-se sendo a louca. Mãe e avó dizem que isso ocorre em casa. Lembramos da cena do "Quero me matar"[70] *em que a avó não embarca, e a cena desmonta-se.*

Renata responde a isso com um "Ai, meu Deus", dito com voz de moça, como quem diz "Que saco!", ao mesmo tempo que nos olha sem graça, como quem sabe do que estamos falando.

A avó conta que Renata agride o avô, quando ele vem ao seu quarto de manhã, tratando-a como menininha. Entendemos que, justamen-

69. Nesse atendimento compareceram Renata, sua avó e sua mãe.

70. Esta cena se refere a um dia em que Renata teve uma briga com sua avó, pega uma faca da cozinha e ameaça que vai se cortar e a avó consegue ter uma atitude de indiferença que desfaz a cena.

te por ter 15 anos e por ser um momento de privacidade, o avô não deveria ir. A avó conta, então, que Renata anda pelada pela casa, balançando as tetas para o avô e que, certa vez, pediu para ver seu pênis e o avô consentiu. Um dia, quando ele estava no banho, como se não soubesse de nada, a avó abriu a porta do banheiro, e Renata viu seu pênis.

Falamos para Renata sobre quanto ela fica excitada ao provocar seu avô e, ao mesmo tempo, sente medo, depois, quando ele vai dar-lhe bom dia. Nesse momento, Renata cochicha para a mãe a palavra" febre", dizendo que a avó não poderia ouvir. Apontamos que esse homem é da avó, ao que a avó replica, dizendo que ele nunca foi seu homem. Nós, então, surpresas, dizemos que ela teve dois filhos com ele. Imediatamente, ela retruca: "Mas foram só duas vezes". (Essa frase fica ecoando para ser investigada em outro momento.)

Com toda essa conversa, Renata sente-se ameaçada novamente, ao mesmo tempo que ouve e gosta da idéia de se ver reconhecida nos seus 15 anos. Falamos sobre feminilidade. Contamos que, no Therapon, estamos ensinando Renata a se arrumar, não fazendo por ela, mas ensinando. A avó conta que entra no chuveiro para dar banho em Renata e segue com uma série de exemplos, de que tem de fazer tudo, porque a mãe de Renata e Renata, quando fazem, não fazem do jeito certo. A mãe de Renata contra-argumenta; que ela já deu banho em Renata e que foi bom. Renata responde à avó com sua voz de moça, dizendo que sua avó é que quer que o seu banho seja do jeito dela e que ela não quer que a avó se intrometa.

No fim falamos sobre a dificuldade em ser mulher nesta família. A avó emociona-se e, já na saída, conta que era completamente dependente de sua mãe e que não sabia fazer nada sozinha.

Comentários

A questão da sexualidade permeia todas as sessões, especialmente esta. A avó, repleta de fantasias sexuais e de defesas repressoras, sempre insinua que sua neta pode vir a ser abusada sexualmente por outros pacientes e que os técnicos são negligentes nas suas funções. Há fantasias homossexuais e atitudes incestuosas na relação dos avós com a neta e vice-versa. Ela é que dá banho em sua neta, lavando as partes íntimas, e toda noite insiste em que ela se lave para "dormir limpinha". Essas atitudes despertam fantasias terroríficas em Renata.

Filha e neta expressam o desejo de se libertar da mãe/avó, mas isso está interditado.

Esse atendimento evidencia a transmissão transgeracional de um mandato, aquele da repressão da sexualidade: nenhuma mulher pode "saber", ser capaz...

Cena 3

Começamos o atendimento[71] retomando a fala da avó com relação à sua mãe, de quanto se sentia completamente dependente dela, relatado no fim no atendimento anterior. Parece que há uma relação totalmente idealizada e simbiótica com essa mãe (bisavó de Renata), que é descrita como generosa, amorosa e solidária.

A partir do sentimento de não poder existir, perguntamos sobre o nascimento da mãe de Renata. Ela conta que saiu com o atual marido para namorar às 16 horas. Foram tomar cuba-libre, e ela teria de voltar cedo, como sempre (11 horas). Depois de beber,

71. Nesse atendimento compareceram Renata, sua avó e sua mãe.

nesse dia, viu as colunas do bar tortas, na transversal, e dá-nos a entender que foi drogada. Depois disso, não sabe mais o que aconteceu. Diz que retornou à sua casa às 4 horas da manhã e que seu pai a esperava na porta, com a polícia junto. Quatro meses depois, como "não entendia nada", contou para sua cunhada que sua menstruação estava atrasada, e ela a levou ao médico. Se soubesse, teria abortado. Não queria essa gravidez e tentou, de todas as maneiras abortar a mãe de Renata. Ela diz isso na frente da neta e da filha. Quando Renato soube, continua, ficou felicíssimo e quis casar-se.

Nesse momento, a mãe de Renata, que em geral não se pronuncia durante os atendimentos, diz: "Eu existo graças a meu pai". A avó continua, dizendo que só falou com sua mãe sobre a gravidez porque seu pai a mataria se soubesse que estava grávida. Fizeram o casamento rapidamente e foram morar com a sogra numa garagem. Sofreu muito, passou até fome, e só sua mãe é que lhe ajudava. Fala que sua sogra a pôs para limpar os vidros da casa e que isso estourou a bolsa. Foi para o hospital e mandaram voltar porque não estava na hora. A mãe de Renata nasce seca, uma semana depois. Repete que passou fome e que moraram os três (os avós de Renata e sua mãe-bebê) num caminhão. E que só transou duas vezes: essa relatada e a da gravidez do filho.

Durante essa sessão, a mãe de Renata fica lendo o jornal e não olha para Renata. É como se não estivesse presente.

Depois dessa sessão, soubemos que, à noite, a mãe de Renata teve uma crise psicótica e, no fim de semana, Renata teve uma briga com a avó e foi internada na Santa Casa de Misericórdia, onde ficou um dia. Sua avó, pelo fato de a garota ser menor de idade, teve de ficar com ela e ficou chocada com o lugar.

Comentários

Este foi um atendimento familiar que nos pareceu pesado, mas produtivo, o que geralmente resulta em turbulência, porque o aparelho familiar não suporta muitas revelações. Ao mesmo tempo, a carga de fatos sem representação relatados gerou em nós, terapeutas, um sentimento de exaustão, e nossa capacidade de continência foi exigida ao limite.

Nosso trabalho terapêutico apóia-se, essencialmente, nas nossas sensações ou reações ao contato com o funcionamento familiar; esses são os primeiros indícios de contratransferências, vivências de sofrimento, físicas e/ou psíquicas: dores corporais (sono, dor de cabeça ou de barriga), excitação, prostração ou impotência, violência ou perda da razão, distanciamento, experiências de devaneio ou de confusão do pensamento. Diante dessas experiências que nos são comunicadas pela família e pelo adolescente, procuramos contê-las e identificá-las como efeitos da transferência, no sentido de resistirmos aos movimentos defensivos, ou mesmo violentos, para poder, no momento adequado, formular uma interpretação que dê conta do sofrimento psíquico, que, até então, só pôde ser comunicado dessa forma e captado na contratransferência.

Diante desse relato com histórias borradas e sem representação, ficamos impactadas e com muitas questões para serem investigadas.

Esta sessão aponta para uma sucessão de édipos não-resolvidos. A mãe de Renata mantém o pai no lugar idealizado e não perdoa a mãe, que possui um édipo congelado. A possibilidade de existir passa pelo lugar que a avó ocupa na família original (rejeitada e deserdada pelo próprio pai), assim como o da mãe de Renata e o de Renata.

O relato da avó sobre a noite em que engravidou da mãe de Renata aponta que o desejo e o prazer estão interditados, não podem ter registro. Então, a mãe de Renata é filha de um estupro?

Como a mãe de Renata, ao ter esses dados dos acontecimentos de seu nascimento, poderia ter uma crítica a esse respeito (que a coloca num lugar que a rotula como causa da loucura parental) na medida em que essa posição de não ter sido desejada contém um grau de verdade inegável? E, que dizer de Renata? O ódio da mãe de Renata pelos genitores diante de uma situação como essa (desejo de abortá-la) gera um sentimento de culpa difícil de ser expiado e de ser reparado. De certa forma, a mãe de Renata oferece-se psiquicamente, assim como sua filha, como sacrifício, em detrimento de uma vida física e mental.

A avó sempre se coloca num lugar vitimado, sem prazer, sem desejo, assexuada. Fala que só transou duas vezes, essa e a da gravidez do filho, mas parece que este ela o legitima como filho, assim como seu pai com seu irmão. De qualquer forma, parece que ele encontrou, na homossexualidade, uma defesa também relacionada à loucura transgeracional.

Quando a mãe de Renata fica lendo o jornal e não olha para Renata, como se não estivesse presente, parece que repete a rejeição que sentiu de sua mãe, agora com sua filha. Aborta seu contato e sua relação afetiva com Renata.

É uma história de repetições, uma tragédia...

Cena 4

Iniciamos o atendimento[72] *ouvindo a avó de Renata contar que não está agüentando mais a situação em casa. A mãe de Renata passou a dormir na sala, pois Renata não está podendo ficar com ela. Renata acorda no meio da noite e, ao ver sua mãe, começa a gritar e a agredi-la. A avó de Renata conta que se sente controlada pela neta e que não sabe o que é dar a resposta certa para a neta.*

72. Nesse atendimento compareceram Renata e sua avó.

Nesse momento, Renata começa a gritar e a chorar, dizendo que ninguém respeita o seu medo. Quando pergunto sobre seu medo, ela se sente atacada, quer sair da sala. Ela, então, começa a gritar e não pára mais; ameaça jogar-se pela janela e xinga as terapeutas. Nós apontamos que Renata estava atrapalhando, impedindo que nós pudessemos continuar conversando.

Renata pergunta inúmeras vezes se nós estamos contra ela e muitas vezes diz: "Vocês estão contra mim!". Dissemos que não, que não estamos divididas, que estamos juntas no seu tratamento.

Renata volta a falar de seu medo, e eu digo a ela que é importante dizer o que lhe dá medo. Renata fala que é difícil dizer isso. Então, ela diz que tem medo da avó e da mãe. A avó de Renata fala que quer internar Renata e sua mãe, mas que não encontra vaga. Renata diz que quer sair de casa. Aponto que, se se tornar insuportável ficar em casa, ela acabará tendo de ser internada. Renata pergunta se eu estou querendo interná-la. Eu digo que não; digo que eu tenho medo de que isso ocorra e pergunto a ela como foi ficar internada. Ela conta que sentiu menos medo do que em casa, mas que não gostou, que não quer voltar a ser internada.

Informo que iremos parar por três semanas, de férias, e pergunto como será para ela. Renata me diz que será difícil. Pergunto à avó de Renata sobre a cromoterapia que Renata contou que está fazendo. E responde que a neta e sua mãe estão indo duas vezes por semana e que ficam uma hora na luz verde. A avó pergunta-me se isso é bom ou ruim e fala que foi uma amiga do centro espírita que sugeriu e que ela resolveu tentar, pois não está agüentando a situação.

Esse recurso pertence às crenças culturais da família e está ligado ao desejo de encontrar uma solução de cura idealizada, mas, ao mesmo tempo, essa demanda da avó de Renata faz parte de sua es-

tratégia de constante boicote ao tratamento da neta, e espera que nós nos confrontemos com ela. Esse tipo de situação faz com que nos sintamos impotentes, incompetentes ou culpadas ou, como bem traduzem Renata e sua mãe, perseguidas. Transferencialmente, esse é o clima da sessão. Esse tipo de atuação acalma a avó de Renata, pois por identificação projetiva, a impotência diante do tratamento fica conosco. Diante dessas percepções, opto por não criticar esse recurso; digo apenas que desconheço seus efeitos.

Estamos, nesse momento, pensando em oferecer algum tratamento para a avó de Renata.

Comentários

A situação familiar está complicada. Renata começa a esboçar seus desejos, e ressurgem os desencontros com sua mãe, que jamais pôde atender às suas necessidades afetivas. Diante do caos, Renata sente medo e perseguição, de coisas de dentro de si mesma e de fora — seu desespero fica evidente. Em virtude do seu desespero, Renata provoca rupturas, cisões, cria confusão, divide as terapeutas, numa tentativa de encontrar um continente para seu sofrimento.

A exaustão da avó e o desejo de internar a filha e a neta apontam o nível de ódio presente nessa relação, o que desperta o sentimento de ameaça e medo em Renata.

Essa cena mostra a dificuldade de essa avó assumir o tratamento da neta, atuando, oferecendo um estímulo a mais para Renata, que ouve vozes e se sente perseguida o tempo inteiro. Essa atuação também pode ser compreendida como uma necessidade de manter a patologia para não ter de lidar com a separação, nessa relação em que ela detém o controle. O sintoma está a serviço de manter as mulheres dessa família amalgamadas, assim como a avó com sua própria mãe, agora amalgamada à neta e à sua filha.

Cena 5

Somente o avô de Renata, Renato, esteve presente. A avó de Renata foi tentar internar sua filha no Hospital São Paulo. Foi a primeira vez que ele compareceu ao grupo de pais e para o atendimento de família.

O avô relata que, no dia anterior, a mãe de Renata estava dando banho na neta depois da natação, e elas brigaram a ponto de o professor entrar no vestiário para apartá-las. O professor disse que mãe e filha não podem ficar juntas. O namorado da mãe de Renata tem insistido em que ela se trate, e ela só diz que remédio não adianta nada.

Quando o avô inicia esse relato, Renata sai da sala gritando e chorando. Num primeiro momento, o avô vai ao encontro dela, depois vou eu. Ela entra na sala da equipe técnica e senta-se no chão, chorando. "Ai, meu Deus do céu! Vocês estão contra mim, querem me derrotar, não me aceitam..." Digo que, quando acontecem coisas como as de ontem entre ela e sua mãe, ela fica muito nervosa e bate e chuta. É difícil falar disso; ela não gosta de falar, como em outras brigas que ela teve conosco, mas, depois dessas brigas, ela sabe que a gente não fica brava com ela e que essa situação também vai resolver-se bem. Ela pára de chorar e retorna ao atendimento familiar. Estava difícil qualquer contato com a realidade. Renata estava preferindo ficar de fora de tudo isso.

Pergunto ao avô sobre o nascimento da mãe de Renata. Ele relata que foi um parto muito dolorido e a fórceps. A avó gritava tanto que se ouvia do lado de fora do hospital. Aí, pergunto se ele desejava a filha. Ele conta a história da família árabe, de o avô não aceitar o casamento com um brasileiro. Mas, como ele gostava muito dela, planejou a gravidez para poder casar-se. Quando soube que ela estava grávida, foi com sua mãe, seu irmão e sua cunhada falar com o pai da noiva e marcar o casamento. Pergunto se a relação sexual foi desejo dos dois. Ele diz que sim e que era muito apaixonado por ela e ainda gosta muito de sua mulher. Ele conta que a avó de Renata era muito explorada pela família, cozinhava, limpava a casa, os vidros, lavava louça e trabalhava na loja com o pai. Embora tivesse mais quatro irmãs, só ela fazia tudo isso. Fala que árabe tem mania de querer só filho homem e que talvez por isso ela tenha sido tratada assim, mas que ela gostava muito da mãe e fazia isso para ajudá-la. Conta, ainda, que, antes do casamento, o pai tinha trazido um primo árabe para se casar com ela, que ficou hospedado em sua casa e fora tratado como futuro genro. Depois do casamento, ficaram sete anos sem se encontrar com a família da avó de Renata, à exceção da mãe, que sempre os ajudou e ficou ao lado deles.

Ele relata que, também na sua família, foi preterido. Quando se casaram, foram morar num imóvel de seu pai, mas, quando outro irmão resolveu casar-se, foi despejado. Como não tinha trabalho direito, não conseguia um fiador para se mudar. Até que conseguiu que um tio da avó de Renata fosse fiador. Enquanto isso, morou dois dias no caminhão com toda a mudança.

Fala ainda que, depois desses sete primeiros anos, ele conseguiu trabalho e ficou bem de vida, quando seu sogro se reaproximou, pois viu que ele não queria o dinheiro dele, só a filha. Após a sua morte, o único filho ficou praticamente com toda a herança, fazendo constar do inventário somente U$ 3,000 para cada irmã. Seu cunhado recusou-se a assinar até hoje. No ano passado, tinha um advogado tentando rever isso. Mas, como a avó de Renata era muito ligada à própria mãe e ela insistiu, eles assinaram. Conta, ainda, que ele chegou a trabalhar cinco anos com esse cunhado, que dizia pagar um salário baixo, para, quando eles fossem comprar um imóvel, por exemplo, ele, então, os ajudaria. Mas, quando a avó de Renata quis comprar uma TV, ele desmentiu essa história. Ele confirma que o *pai, assim como o irmão da avó de Renata, mantêm uma vida dupla, e a amante é de conhecimento de todos.*

Conversamos sobre a morte do pai de Renata e que ela deveria saber. Talvez pudéssemos dizer para ela na próxima sessão de família.

Essa era outra versão da história familiar muito diferente da relatada pela avó de Renata no atendimento familiar anterior. Apontei para o avô a importância de ele estar presente nos próximos atendimentos[73] *de família, até para esclarecer algumas situações que se tornaram tragédias no mundo das fantasias familiares. Ele me pareceu o mais lúcido*[74] *dos quatro. Disse que, diante da situação emocional da filha e da neta, ele pediu ao filho, naquele dia, para substituí-lo na lanchonete e poder vir e ajudar.*

Comentários

Apresenta-se para nós, nesse atendimento familiar, outra versão da trama familiar. Ao mesmo tempo que o avô nos parece mais lúcido, ele também é conivente com os segredos e injustiças afetivas presentes nas relações familiares, inclusive a informação sobre a morte do pai de Renata.

73. A verdade organizadora da mensagem da transmissão psíquica entre gerações é uma designação criadora de sentido e de amor implícita, na proscrição paterna mais absoluta que é a castração pois, interditando à criança o acesso ao objeto sexual, coloca o campo sexual no corpo do psiquismo (Eiguer, 1997, p. 23).

74. Durante as terapias familiares somos convidados a fazer alianças com a parte sadia da família, a que funciona melhor ou que alimenta melhor nossas fantasias. Quando isso ocorre, deixa-se de lado os outros aspectos do sofrimento familiar, que é precisamente atualizado nesta clivagem ou neste distanciamento. De acordo com os momentos da vida da família um ou outro nível prevalece. Assim, vamos conhecendo os rituais familiares, as maneiras de fazer, de dizer, de exprimir, de trocar, as especificidades dos objetos, dos lugares, das formas, das identificações patológicas. É justamente aí, nesses objetos, lugares, maneiras... que estão ocultos os objetos transgeracionais a serem revelados.

Nesse atendimento, começa-se a esclarecer o quadro de histeria e melancolia que vitimiza a avó de Renata, que mantém o delírio de ter sido abusada sexualmente e o sofrimento de ter sido deserdada e preterida pelo pai, impedindo a elaboração edípica e propagando o mandato transgeracional.

A figura masculina é identificada pela avó como má, difícil, infiel, agressiva, e, no contraponto, a figura feminina, como submissa, explorada, rejeitada, excluída. Esse é um aspecto transcultural transmitido através das gerações.

A família de Renata carrega o luto edípico não-resolvido dessa avó, e, com isso, o sentimento de exclusão e a dor melancólica permeiam todas as relações e terminam por paralisar a vida psíquica de várias gerações.

Cena 6

Iniciamos esse atendimento[75] contando a Renata que soubemos por sua avó que ela passou melhor estes dias e que convidou a mãe para voltar a dormir com ela. Renata começa a gritar e dizer que quero derrotá-la. Conto que soube da morte de seu pai. A avó de Renata explica que ele já estava doente há muito tempo; que, com cinco anos de idade, Renata foi visitá-lo no hospital, porque ele tinha um problema no coração e, como não se cuidou, bebeu demais, faleceu. Conta, também, que souberam da morte em função da carta que Renata escreveu comigo para o pai e assim puderam ser localizadas.

A avó de Renata diz a esta que ela perdeu o pai, mas ganhou um irmãozinho, e que também receberá uma pensão o resto da vida. Renata diz que dará todo o dinheiro para sua mãe. Sua avó diz

75. Nesse atendimento compareceram Renata, sua avó e sua mãe.

que não, que este dinheiro é dela (Renata) e que sua mãe não pode tirá-lo dela. Falo que Renata ficou com medo de que isso acontecesse, mas que a mãe de Renata já havia dito que não fará isso. Nesse momento, Renata fala para a mãe que ela quer tirar seu dinheiro, e a mãe de Renata diz que não, que o pai é dela e que esse dinheiro é só dela. Explicamos que esse direito é dela. Renata, então, bate-se e, depois, fica reclamando que doeu, ao que a avó diz que foi ela quem fez isso, que não foi nenhuma de nós, que quem mandou ela se bater.

Há um hiato nesse atendimento familiar. Elas falam da morte do pai num tom excitante e não há espaço para o luto, para a dor diante da morte do pai de Renata. Renata, então, bate-se desesperadamente, como expressão de dor. Da morte, passamos para o nascimento do irmão e para a questão do dinheiro, e, do dinheiro, para as providências a serem tomadas diante das férias que se aproximam. Propusemos que Renata tivesse um acompanhante terapêutico durante as férias e fins de semana.

Começamos a falar do acompanhante terapêutico, que é diferente do trabalho realizado no Therapon. Independentemente das férias, o acompanhante terapêutico seria necessário no tratamento de Renata; portanto, são duas coisas diferentes: pensarmos no acompanhante terapêutico como parte do tratamento e num esquema para as férias.

Em algum momento desse atendimento, a avó de Renata diz que já tem a resposta e que o acompanhante terapêutico de Renata será o avô. Fala que Renata está muito melhor desde que o avô tem ficado com ela.

Apontamos a diferença entre o avô e o acompanhante terapêutico e que Renata não está melhor só por causa do avô. Triunfante, a avó de Renata responde: "É verdade. Ela está melhor por causa da cromoterapia" e, diante da nossa indisfarçável cara de espanto, ela diz: "E a vocês também, é claro!".

Sigo pensando que o acompanhante terapêutico será necessário e que realmente não podemos querer trabalhar em condições ideais; trabalhamos com o que é possível. Mas parece que caímos novamente no seu jogo de boicote ou de impasse diante das mínimas condições para o tratamento.

Saímos do atendimento com a certeza de que será muito difícil a construção de um espaço para o acompanhante terapêutico no tratamento da Renata, o que metaforiza a falta de um lugar psíquico para Renata nessa família.

Durante esse atendimento, Renata esteve mais tranqüila e não quis sair da sala. Em dois momentos, que eu não sei apontar quais foram, ela tentou separar as terapeutas, mas nós mostramos a impossibilidade de Renata estar a três: ou estamos eu e ela, e para tanto ela requer exclusividade; ou está Vera e ela, e o mesmo ocorre. Lembro a Renata que não podemos dar atenção exclusiva a ela.

Em outros momentos, ao ouvir os impedimentos da avó ao acompanhante terapêutico, Renata dizia: "Acho que minha avó não está querendo. Acho que ela está contra mim".

Comentários

A negação do lugar do pai de Renata é evidente nesse atendimento, o pai de Renata propriamente e o pai simbólico (lei). A avó assume esse lugar com unhas e dentes. A morte e o luto não têm lugar; não se fala sobre isso, evita-se. A notícia é dada num tom de euforia. A Renata, só resta bater-se, como expressão de sua dor.

Durante o atendimento, fiquei com a impressão que, de fato, Renata quisesse dar o dinheiro para sua mãe, o que seria uma forma de dar a sua mãe uma certa independência ou condição de cuidar da filha. Renata inicia dizendo que quer dar o dinheiro, e a avó de Renata entra com a explicação do medo de que a mãe de Renata não saiba usar adequadamente esse dinheiro. Nesse momento, a mãe de Renata fica novamente fraca, falha, excluída, impossibilitada, sem lugar para exercer a maternidade.

Renata sente-se invadida ou controlada pela loucura da avó. Embora Renata tenha direito ao dinheiro, como menor, esse dinheiro deveria ser cuidado pela mãe, que não tem condições nem de falar sobre isso.

A fala da avó e o poder sobre o dinheiro mantêm-na no controle, o que destitui novamente a mãe de Renata de poder exercer algo que diz respeito ao seu casamento e à filha que teve com esse homem. O que aparece é apenas uma repetição da fala da avó, e Renata bate-se e, mais tarde, volta a afirmar que dará todo o dinheiro à mãe, ficando mal novamente.

É difícil dar lugar à mãe de Renata no atendimento, na vida, e imagino quanto é difícil ir contra o desejo tirânico da avó de Renata nessa família.

A tentativa de introduzir um acompanhante terapêutico, em vez de contribuir para o tratamento, provocou um impasse. Toda tentativa de ruptura dessa relação amalgamada transforma-se em uma ameaça à dinâmica familiar psicótica e cai no vazio.

A avó domina e controla todas nós.

Tempos depois, ficamos sabendo que Renata não teve acesso à herança do pai, apenas divide a pensão com o irmãozinho. A tragédia familiar repete-se...

Discussão

1. Diante de pacientes com transtornos emocionais graves, observamos que a transmissão dos aspectos psíquicos transgeracionais interdita a constituição do psiquismo. O sintoma dessa interdição é a psicose. Renata hospeda a loucura indigesta de toda a família.

É possível observar o mecanismo clássico de transmissão transgeracional nesse caso, aquele em que os avós do bebê, por alguma razão, depositam, temporariamente, de modo inconsciente para eles e para seus próprios filhos, desejos esperanças, ordens, imagens que os futuros pais trarão consigo inconscientemente desde crianças. Tais fantasias e desejos então condicionam suas próprias expectativas, imagens e desejos em relação a como serão seus filhos, o que farão essas crianças no futuro. Os pais, quando têm o seu bebê, convertem-se ou não em atores de tais dramas, ao interatuar com seu filho ou filha. Nessa família, o mandato transgeracional impera.

Podemos observar, nas cenas descritas, como papéis e fantasias imaginárias inconscientes determinam não somente a auto-representação dos pais, mas também a maneira geral como se comportam com sua filha e neta, incluindo atitudes e comportamentos, expressões de afeto, omissões verbais e não-verbais.

Nos atendimentos dessa família, foi identificado o objeto transgeracional que fala de um ancestral, um bisavô, que suscita fantasias, provoca identificações mórbidas que intervêm na constituição de instâncias psíquicas em vários membros da família (Eiguer, 1997), por meio de desejos e de fantasias inconscientes em comunicações não-verbais e paradoxais. A sexualidade, o prazer e todas as fantasias aí relacionadas estão interditadas nas diversas gerações de mulheres da família de Renata.

A tragédia está montada. O traumatismo é gerador de uma transmissão com pouca transformação ou nenhuma. O mandato perpetua-se em várias gerações. Renata e sua mãe também não podem ocupar um lugar de existência psíquica.

A questão da sexualidade recusada esteve presente em todas as cenas. Renata é uma menina cujo mandato geracional determina sua não-existência como mulher. A sexualidade transborda na relação de Renata com a equipe técnica, por meio de abraços apertados e desajeitados, beijos melados, que, contratransferencialmente, provocam na equipe sentimentos de repulsa e afastamento. Vivemos na pele o mandato transgeracional: a repressão da sexualidade e a sexualidade vista como suja, nojenta ou agressiva.

A qualidade dos traços de identificações mórbidas de Renata com a mãe e com a avó faz convergir aspectos "femininos fortes", que desqualificam o masculino, com aspectos "femininos fracos", expressivamente representados por uma sexualidade que não pôde manifestar-se através das gerações. E, ainda, é possível destacar a introjeção e a identificação com o superego[76] severo e punitivo (primeiramente expresso pelo bisavô de Renata) que interdita a existência e a realização sexual femininas: da avó, de sua filha e da neta, Renata. Isso se evidencia na repetição da história afetiva da avó, na escolha afetiva da filha, quando ela se casa com o pai de Renata, apanha e é abandonada. Outra repetição se observa com relação ao nascimento da filha e da neta que foram causa de um colapso psíquico para as respectivas mães. Não há lugar psíquico para as filhas na mente parental. A avó desempenha no lugar da mãe de Renata as funções maternas, com um comportamento excessivamente invasivo e controlador sobre a filha e, agora, também sobre a neta.

Após a morte do pai da avó de Renata, a maldição ou o mandato transgeracional propaga-se, e a avó continua sendo despreza-

76. Observo que quanto mais os pais são loucos mais a identificação com o agressor é particularmente forte nos filhos e entrava seu desenvolvimento psíquico, e como reação primária de sobrevivência há a introjeção de um superego arcaico (introjeção forçada do ódio e da culpa do adulto).

da pela família, vivendo com dificuldades econômicas e impossibilitada de trabalhar, o que se repete com sua filha e sua neta. Pode-se observar o abandono da realização profissional, autonomia e independência econômica por parte da avó e da mãe de Renata.

No caso do tio de Renata, podemos observar a homossexualidade como uma forma de compromisso que resolve parcialmente a problemática insolúvel da sucessão das gerações. O mandato superegóico está presente, assim como o impedimento da questão da sexualidade.

A avó, que não é reconhecida como mulher nem é tratada como ser humano pelo pai e pelo marido, somatiza com intensidade, é uma pessoa depressiva e, como resultado de um sintoma psicossomático, ela não tem estômago, "não pode engolir muita coisa". Sobrevive às custas de antidepressivos e de sua tirania inconsciente de manter as outras gerações insanas, fora da realidade e assexuadas. Ela cria uma realidade opressiva, que ela controla e pela qual também é controlada.

O drama de Renata em se identificar inconscientemente com a história da mãe, que não foi desejada, não permite que ela exista psiquicamente em nenhum outro registro e privou Renata de qualquer espaço psíquico. Acredito que somente o estabelecimento de uma nova relação de dependência, diferente daquela que a unia a sua mãe e a sua avó, poderá levá-la a elaborar outra realidade psíquica em que ela possa existir.

A compreensão das situações transferenciais e contratransferenciais estabelecidas entre Renata e a equipe técnica buscou reger novas relações afetivas. Com esforço, procuramos entender suas angústias terroríficas, levar os pacientes a ouvi-la e a respeitá-la, no sentido de permitir sua integração no grupo e minimizar seu sofrimento, e traçar um esboço rumo a uma existência emocional.

2. Os atendimentos familiares de pacientes psicóticos são sempre muito difíceis: repletos de duplas mensagens, mensagens

paradoxais e identificações mórbidas. A impressão que temos é de estar diante de cenas e imagens nebulosas, em que faltam contornos, com figuras indiscriminadas, repletas de lacunas e reticências. É comum falarem ao mesmo tempo e, muitas vezes, falarem uns pelos outros, no lugar do outro, com falas confusas e disruptivas. Fica difícil distinguir quem está falando, quem é quem. Quase não encontramos pessoas discriminadas umas das outras; estamos diante de um material psíquico bruto e amalgamado, sem transformação. Nesse contexto embaçado, borrado e esburacado, as vivências contratransferenciais são referenciais importantes. Ficamos imersos em ondas de identificações mórbidas que demandam enorme trabalho mental para digerir, elaborar e desidentificar-se desses materiais psíquicos impensáveis.

Podemos observar, no relato desse caso, como é excessivo o número de identificações cruzadas presentes nas sessões de atendimento familiar, assim como as identificações mórbidas, que estão sendo transmitidas desde a avó, enlouquecendo a paciente, parasitando sua mente sem pedir licença ou autorização. O outro, Renata, enlouquece, fica confusa, não existe; há uma total ausência de si. Antes de poder permitir que Renata se livre desses "parasitas", torna-se necessário, primeiro, todo um trabalho de poder compreender as entrelinhas do discurso e tudo aquilo que vem sendo transmitido, inconscientemente, entre as mulheres de sua família, desde sua avó.

Renata apresenta um quadro psicótico que é resultado de uma certa violência que foi sofrida por sua avó e por sua mãe, que também possuem um transtorno emocional grave. Renata expressa, por meio de seu sintoma, uma resposta ao excesso de sofrimento diante das identificações mórbidas que lhe designa um lugar impossível de ocupar como mulher e como filha/neta.

A história de Renata e de outros pacientes psicóticos lança luz sobre as conseqüências desastrosas que podem advir da falta de um pai que possa sustentar um sistema de parentesco não submetido à arbitrariedade e o impacto de uma problemática materna psicotizante. O encontro com a arbitrariedade do exercício abusivo de um discurso que nega o sentido, que se furta de toda a causalidade pensável, que impõe suas interpretações ou sua anulação a todas as lembranças que o indivíduo poderia marcar de suas experiências mais significativas, é uma experiência particularmente perturbadora. O lugar preponderante deixado às pulsões de morte torna difícil uma negociação do ódio e do sofrimento que permita um investimento estável do mesmo e da própria história (Faimberg, 2001b).

É possível constatar, por meio dos sintomas de Renata e de sua mãe, como se perpetuou o castigo de um ancestral que exerceu seu poder tirânico sobre seus descendentes, pois, em mais de uma geração, a mulher não pôde e não pode existir como ser humano; a sexualidade feminina não pode ser representada e deve ser recalcada (avó), recusada (Renata e sua mãe) ou reprimida (mandato do bisavô). Assim como no modelo mítico da Genealogia dos Atridas em que a vingança, as traições, os crimes se propagaram nas "cinco gerações que separaram Tântalo de Orestes" (Eiguer, 1997, p. 40), na família de Renata, a patologia propagou-se em várias gerações. Quantas serão necessárias até que esse objeto transgeracional possa ser transformado?

3. O *setting* psicanalítico tradicional não oferece condições suficientes para atender os pacientes com transtornos emocionais graves, principalmente durante os surtos psicóticos. O hospital-dia oferece o enquadre e o manejo necessários quando estamos diante de um colapso psíquico, oferecendo um espaço transicional entre a internação dia e noite e o *setting* tradicional.

Por meio da terapia familiar psicanalítica, encontrei o *setting* possível para procurar compreender e dar algum sentido ao sofrimento de Renata. Isso só se deu a partir da reconstrução da história dessa família, de suas origens, de seus tabus e de suas relações.

A compreensão psicanalítica do funcionamento mental de cada membro da família só enriqueceu o significado desse caso quando integrada aos fenômenos transgeracionais reconstruídos por nós durante os atendimentos familiares, considerando, então, a historicidade de cada um e a influência da cultura e do meio ambiente presentificados no sintoma de Renata. Apenas assim, conhecendo os fenômenos transgeracionais, é que pudemos aproximar-nos das identificações mórbidas que parasitavam o *self* de Renata e, ainda, da carga de objetos transgeracionais que a impediam de construir um psiquismo próprio.

A seguir, apresento algumas reflexões sobre a herança psíquica colhidas a partir dessas experiências clínicas distintas e discuto algumas repercussões sobre a formação psicanalítica.

Conclusão em aberto

Eu sempre sonho que uma coisa gera,
nunca nada está morto.
O que não parece vivo, aduba.
O que parece estático, espera.
Adélia Prado, 1991, p. 19.

Conclusão soa para mim como algo finalizado, terminado, acabado, morto. "Não me venham com conclusões! A única conclusão é morrer"[77]. Em aberto fala de algo que se abre, que gera, que gera novas questões, que aduba, que espera... É assim, nesse clima, que desejo apresentar minhas últimas reflexões.

O que é a Psicanálise senão uma busca infinita de renascimentos... distante de impor qualquer modelo? Para além de esquemas ortodoxos, deterministas tradicionais, espero que o conceito de transmissão transgeracional, como metáfora aberta, possa conservar-se nessa via no futuro. Uma via de mistério e de indefinido que, desde sempre, marca aquilo que é o mais profundo de nossas origens.

77. Fernando Pessoa (1923, 450, p. 356).

Procurei por meio da narrativa clínica[78] mostrar como os fenômenos transgeracionais transbordaram na minha experiência analítica em três *settings* distintos — três enquadres com o mesmo método — o psicanalítico.

Maria Clara não podia dormir, acordava para lembrar a sua mãe que ela ainda não tinha ido embora, acalmando-a diante de suas angústias de separação, e chorava para lembrar ao seu pai que ela não estava morta, tranqüilizando-o diante de seus medos terroríficos. E também poderíamos dizer que Maria Clara já estava identificada com as angústias e os medos terroríficos de seus pais e com tudo isso não podia dormir. Não havia um ambiente que facilitasse o seu desenvolvimento. A intervenção precoce favoreceu que os fenômenos transgeracionais pudessem ser falados, conhecidos e reconhecidos como tais, e parece que cada coisa foi para o seu devido lugar — criou-se um "berço" afetivo para Maria Clara.

Beatriz, Ana e Lia vêm, a duras penas, procurando desidentificar-se das identificações mórbidas vividas muito precocemente nas relações parentais. Essas vivências traumáticas presentificam em muitas sessões e tem sido necessário um trabalho de discriminar esse objeto transgeracional ou intergeracional inoculado intrusivamente, para deixar brotar o mundo de fantasias e o sonhar.

Renata ilumina a transmissão de objetos transgeracionais amalgamados que impedem o nascimento de seu psiquismo. Como em um filme de horror, assistimos ao império tirânico de um mandato

78. "A separação da verdade 'histórica' da verdade 'narrativa' retira o que é essencial na estratégia narrativa do paciente de sua raiz na história do psiquismo individual e das circunstâncias de vida. O paradoxo é que, quanto mais as histórias do paciente sobre o passado são singularmente moldadas e distorcidas, quer de modo psicótico, perverso ou neurótico (podemos perceber isso através de um processo de ajudar a corrigir a falsa narração compreendendo as realidades mais dolorosas, internas ou externas, que forçaram tais distorções), tanto mais a história da psique do paciente que determinou o estilo peculiar de 'moldagem' será revelada. Aspectos essenciais da história do psiquismo individual são singularmente representados na forma de 'moldagens' ou 'seleções' defensivas ou adaptativas peculiares às estratégias narrativas típicas do paciente" (Hanly, 1996, p. 55).

transgeracional que interdita a sexualidade feminina, o psiquismo feminino em mais de uma geração.

Essas experiências clínicas ensinaram-me algumas coisas, que tentarei descrever.

Quando estamos diante de uma identificação (introjetiva), a experiência emocional é de ser como a outra pessoa. Tenho algo em comum com o outro, mas há um limite entre sujeito e objeto que estão dados, e há autonomia dos dois, há uma relação de troca, há liberdade do objeto e do sujeito de ir e vir. O sujeito pode usar o que foi introjetado do objeto sem dívida ou escrúpulo, apropriando-se. Quando eu me aproprio, eu posso constituir-me como sujeito.

Quando o *self* está habitado por outro *self*, a experiência de identificação é de ser o outro e de ter o destino do outro — há a presença de atividades mentais psicóticas[79]. Quando o *self* é parasitado muito precocemente por outro *self* nefasto e doentio, não surge uma estrutura psíquica própria e autônoma — é a psicose. Tanto o *self* habitado quanto o *self* parasitado por outro são resultado do que denominei identificações mórbidas — identificações projetivas patológicas, identificações intrusivas ou identificações alienantes. E poderíamos dizer que, nesses casos, os fenômenos transgeracionais são decorrentes de um *quantum* excessivo de identificações mórbidas, desde o início do desenvolvimento infantil.

E os fenômenos transgeracionais fazem parte de todos nós?

79. Essa é uma idéia de P. O. Nogueira (1993) que questiona o termo partes ou núcleos psicóticos e não-psicóticos e propõe Atividades Mentais Psicóticas e Não-Psicóticas: "Embora originado na já tradicional fraseologia kleiniana, e contando com o respaldo de autores desse porte, não pode deixar de ser criticado por nos remeter a uma configuração do mundo mental que mais dificulta que ajuda a observar seus acontecimentos, apreendê-los e pensar sobre os resultados dessas observações-apreensões. Termos como 'partes', 'lado', 'fundo', 'núcleo', 'fragmentos' etc., emprestados do mundo sensorial concreto, parecem mais corresponder e contribuir para uma percepção 'esquizóide' (ou psicótica...?), concreta e estática do mundo mental e a dificultar sua apreensão nos termos de sua qualidade psíquica, nos termos de acontecimentos ou fenômenos psicológicos como uma atividade mental, um funcionamento dinâmico e evolutivo que nos interessa de início apreender para poder depois categorizar e pensar sobre ele" (p. 192).

Vários estudos psicanalíticos das vivências fetais e das identificações transgeracionais têm lançado outras luzes sobre aquilo que anteriormente era dado como constitucional[80]. Por muito tempo, o fator constitucional foi um elemento obscuro, tão indiscutível quanto indefinível.

Embora o foco analítico tenha sido, tradicionalmente, voltado para o estudo do psiquismo, das fantasias inconscientes, da realidade interna ou do mundo interno, independentemente do meio ambiente, cultura e história do indivíduo, de seu acontecer e de suas ações no mundo, acredito que esse tipo de recorte leva-nos a perder de vista fenômenos importantes na compreensão da condição humana, entre eles os fenômenos transgeracionais. Os fenômenos transgeracionais estão presentes em todos nós; eles só se tornam sinistros quando nos são interditados de conhecê-los, de pensá-los, de sonhá-los.

Quando Winnicott disse que não existe tal coisa como o bebê sem a mãe[81], ressaltou que, no processo maturacional, não existe o *self* sem o outro, o *self* acontece no mundo. O desenvolvimento se dá em função da herança de um processo de maturação e da acumulação de experiências de vida, mas esse desenvolvimento depende dos cuidados maternos e de um ambiente facilitador (Winnicott, 1965c, 1979).

80. A metamorfose nas constelações familiares de nossos dias, nos coloca diante da emergência de uma geometria nova e um tanto inquietante: matrimônios mistos, divórcios, separações, famílias recompostas, uniparentais ou homoparentais, assim como as procriações médicas assistidas, a adoção sob múltiplas formas, etc. Nestes novos arranjos, os pais se encontram muitas vezes despojados de sua função parental. Levados a situações às vezes dramáticas, em que a família tradicional já não existe ou é quase inexistente, estes pais têm necessidade de serem acompanhados por profissionais que os ajudem a encontrar um direcionamento diante destes novos laços familiares. A abordagem da parentalidade, particularmente por meio da consulta terapêutica, é capaz de mobilizar certos conflitos familiares que obstaculizam o desenvolvimento da criança, e de relançar a dinâmica de mudança no seio da família, evitando o estabelecimento de um processo patológico que mais tarde demandará cuidados muitas vezes mais sérios.

81. *"... I once said: 'there is no such thing as an infant', meaning, of course, that whenever one finds an infant one finds maternal care, and without maternal care, there would be no infant"* (Winnicott, 1960c, p. 586).

Winnicott (1967b) assinala que, quando se fala de alguém, fala-se dessa pessoa com a soma de suas experiências culturais. A cultura, para ele, é o campo em que se podem encontrar experiências sobre a vida de outras gerações e, também, o lugar em que se podem inserir as próprias experiências, como contribuição para os outros. Assinala a grande importância dos mitos, produtos da tradição oral, como relato de uma história que se faz junto com a transmissão da tradição. É nela que a singularidade da criatividade do indivíduo pode acontecer: "Não é possível ser original, exceto tendo por base a tradição. Aqui o que parece importar não é tanto a vida singular e pessoal, mas a vida do Homem, através das gerações" (Safra, 1999, p. 151).

A crise da compreensão dos sofrimentos e dos transtornos mentais juntamente com as transformações contemporâneas das relações sociais e culturais, suscitou grande interesse pelo conceito de transmissão da vida psíquica entre gerações. A busca de condições de conhecimento da própria vida psíquica, todas as dimensões dessa crise, a questão da pré-existência de outro e da importância dos outros no destino do indivíduo colocam-se como um desafio ao entendimento da constituição da vida psíquica do indivíduo, no espaço intersubjetivo geracional.

Nas narrativas clínicas, foi possível verificar como o fenômeno transgeracional transita da neurose à psicose. Mais do que o localizar numa nosografia psicanalítica, com categorias estanques, essa investigação procurou mostrar como esse fenômeno transgeracional, articulado e atravessado por movimentos dinâmicos, opera para além de uma definição diagnóstica.

Os fenômenos transgeracionais estão presentes em todos nós, pois da forma como concebo, o psiquismo se constrói por meio de processos de identificação — os portadores da transmissão. Entretanto, quando estamos diante de pacientes psicóticos ou com atividades mentais psicóticas, os fenômenos transgeracionais ficam muito mais evidentes aos olhos do analista.

De qualquer forma, independentemente de uma nosografia psicanalítica, tanto para os pacientes graves como para aqueles neuróticos, esses aspectos transgeracionais não são acessíveis facilmente no trabalho analítico, eles ficam escondidos, em áreas secretas, e muitas vezes só são desvelados depois de muitos anos de análise ou mesmo numa segunda ou terceira análise. Trata-se de uma arqueologia em que pode haver fatos que conservam um alto grau de historicidade sob repressão e com vários mecanismos de defesa que se opõem à investigação analítica. A escuta do analista e um trabalho cuidadoso poderão trazê-los à tona. Aí, então, será possível, na experiência emocional do *setting*, que fragmentos de experiências antigas sejam ressignificados, permitindo a construção de lembranças diferentes de um mesmo fato, estruturando novos personagens e novas narrativas que passarão a habitar o mundo interno do paciente.

Acredito que pacientes que carregam uma herança transgeracional que impede a constituição do psiquismo e necessitam, num primeiro momento, de um trabalho analítico que discrimine os objetos externos que parasitam ou habitam seu *self* dos outros objetos intrapsíquicos; como no processo de integração — que num primeiro momento o indivíduo necessita reconhecer os aspectos bons e maus do objeto, separados, cindidos, para depois integrá-los. Penso que os pacientes intensamente identificados com aspectos inconscientes transgeracionais necessitam desse trabalho de discriminação entre o objeto externo — excessivamente intrusivo ou excessivamente ausente — e o mundo interno, para, depois, poder integrar-se e, por meio da introjeção, acrescentar novas qualidades aos objetos internos, fundando um mundo interno de fantasias.

O analista como um objeto que presta serviços ao paciente — presidido pela libido — aceita ser aquele que exerce a função de continência, até que o paciente conte com um continente suficientemente introjetado. O que estará em jogo será um trabalho de ir em direção à fonte: um trabalho para inaugurar o lugar para pensar os pensamentos, um trabalho voltado mais para o continente do que para o conteúdo, como propôs Bion. Ao mesmo tempo, é necessário que o analista fique atento para não haver um abuso dessa função de continência que impeça o paciente de crescer ou que a verdadeira curiosidade possa emergir.

Os fenômenos transgeracionais acrescentam uma nova dimensão ao campo analítico, dilatam, dão altura e espessura, o que, no fundo, se constitui em sucessão do tempo, não de um tempo em outro lugar, mas de um tempo presente no *setting*. Trata-se, assim, de um novo cenário, não apenas do mundo interno e da relação, mas de cenas das histórias e de suas comunicações com personagens de diferentes dimensões temporais, que necessitam entrar em cena por conta própria de qualquer maneira, compondo um novo campo transferencial. Nessa dimensão, o analista transita por essa arqueologia transgeracional que espera ser acolhida e interpretada no campo transferencial analítico, para ganhar história e poder ser sonhada.

Do ponto de vista clínico, é importante compreendermos o contexto em que está estruturado o fenômeno transgeracional no interior do psiquismo e ter todo cuidado ao inserir essa compreensão no *setting* analítico, sem repetir a história e sem cair em interpretações mecanicistas ou reducionistas. O trabalho psicanalítico deve seguir a busca pela representação. É crucial evitarmos que ressurjam sub-repticiamente, sob o argumento do transgeracional, tanto uma causalidade etiológica linear que atribui a uma origem externa certos impasses da simbolização no processo analítico, como a de uma intenção reparadora ou projetiva que se infiltra, tornando-se, assim, um processo contra as gerações precedentes, em detrimento do aparecimento do estranho íntimo em cada um. Não há histórias espetaculares a serem encarnadas, mas vicissitudes diversas da história vivida, marcada singularmente no trabalho psíquico de simbolização.

A investigação sobre o fenômeno transgeracional não é um modismo nem uma necessidade de que regularmente se deva voltar o olhar para as gerações precedentes. Pelo contrário, isso se dá por movimentos introjetivos e projetivos, entre o mundo interno e o mundo externo, o dentro e o fora, entre o sujeito e o objeto, entre o passado e o presente. Os traços da percepção e a representação reorganizam-se incessantemente, modificando a intemporalidade, e a reelaboração das lembranças se tece, animando o presente à luz do passado, ressignificando as experiências anteriores por uma nova ótica.

Quando, na transferência, revelam-se as identificações mórbidas, essa revelação nasce da relação inesperada entre a informação conhecida e a maneira como o sujeito a enuncia, na busca de resolver um conflito na transferência. Os fenômenos transgeracionais podem ser descobertos em qualquer análise rigorosamente conduzida, utilizando a noção psicanalítica de inconsciente, discriminando as identificações mórbidas que aprisionam mais de uma geração, tal como elas se revelam na situação transferencial.

No que se refere às questões conceituais e técnicas em Psicanálise, é importante ter em mente a liberdade de estar sempre redescobrindo os fenômenos clínicos, como propõe Ogden (1989):

> *As técnicas e os conceitos psicanalíticos, no intento de reter sua vitalidade, devem freqüentemente ser descobertos pelo analista como se fosse pela primeira vez. O analista precisa se permitir ficar constantemente surpreso pelas idéias e fenômenos que ele tenha como fatos consumados. Por exemplo, ele deve estar apto a permitir-se ser genuinamente pego desprevenido pela universalidade da influência da mente inconsciente, pelo poder da transferência, e pela intransigência da resistência — então somente retrospectivamente aplicará os nomes familiares a esses fenômenos recentemente redescobertos. Se o analista permitir-se perpetuamente ser o iniciante que ele é, será possível algumas vezes aprender sobre aquilo que ele pensa já saber*[82] *(p. 169).*

E sobre a transmissão transgeracional na formação psicanalítica? Como contribuir com um modelo de transmissão da Psicanálise?

82. Tradução livre da autora.

A Psicanálise contemporânea tem sido confrontada com a questão das condições da simbolização e da responsabilidade do analista no desenrolar de uma análise. A aventura analítica, da qual participam cada um a sua maneira, analista e analisando, inclui também o transgeracional do analista que o acompanha no *setting*. Transgeracional: como parte de si mesmo e como parte do que se refere à transmissão da função analítica, incluindo os pontos cegos e as identificações imitativas, para logo que possível sejam desidentificadas e tornem-se próprias e verdadeiras, como parte do processo de amadurecimento do analista. A flexibilidade do analista, nos diversos *settings,* vai depender de sua possibilidade de se desidentificar de seu legado transgeracional; só então estará aberto para o outro.

Falar da transmissão transgeracional da psicanálise implica percorrer a história, também minha história como analista, não como ritual, mas como uma forma de encontrar os legados transgeracionais. Um legado que resultou numa analista com uma formação um tanto ecumênica, com experiências diversas, que sem dúvida vai dar um colorido único na forma de compreender o sofrimento psíquico, de escutá-lo e de significá-lo.

Embora pareça óbvio, é preciso lembrar sempre que cada analista deve procurar fazer uma síntese própria das teorias psicanalíticas. Cada autor trouxe e traz a sua contribuição epistemológica sobre o psiquismo numa tentativa constante de dar sentido à dor emocional. Acredito que não é possível estabelecer um nível exclusivo de pensamentos psicanalíticos sobre o qual o analista permaneça estático, mas que existe uma pluralidade de modelos em contínua oscilação entre si. Sou grata a todos os meus mestres, psicanalistas que deixaram seu legado, e que me ensinaram a compreender um pouco da alma humana, embora neste trabalho não tenha me referido a todos aqueles com quem venho dialogando e construindo minha identidade de psicanalista.

A esse respeito, é interessante o que diz Mijolla (1986), autor que se vem debruçando sobre o estudo das identificações transgeracionais:

> *Parece-me cada vez mais artificial tomar um partido definido na disputa de escolas que opõe, entre os teóricos da Psicanálise, os sustentadores da "fantasia pura" aos campeões da "história real" (p. 66). Temos recordado a dificuldade que sente a maior parte dos analisandos de arriscar-se mais além de suas próprias pulsões e defesas para reencontrar e exercer de novo uma curiosidade antigamente dirigida ao inconsciente dos pais (p. 188).*

Mijolla também discute as possíveis fontes de resistência à abordagem transgeracional provindas do nosso narcisismo:

> *Parece muito difícil reconhecer... que nossos pais também foram dirigidos por poderosas correntes inconscientes e se encontraram igualmente presas de poderosos conflitos inconscientes (...) à época em que se supunha que deveríamos ter o posto de "his majesty the baby" (...) não representávamos, em realidade, mais que um peão suplementar (...) (p. 87) um substituto tardio de seus primeiros objetos de desejo e ódio, esses avós com cujos antiquados atavios nos vestimos tão freqüentemente sem o saber (p. 92). ... a situação psicanalítica mostra sua originalidade neste terreno, já que autoriza a reconstrução, na presença de outro, de uma história profunda das famílias e, ao decifrar os fantasmas de identificação, transgride a lei do silêncio... (p. 192).*

Um modelo de transmissão da psicanálise poderia se aproximar daquilo que estudei sobre a paixão de formar (Silva, 1992, 1994). Lá, verifiquei que formar é: levar o aluno a achar seu próprio caminho, a transformar-se, a evoluir, a refletir, a mover-se, a relacionar-se. Nesse processo, o professor apaixonado se coloca como mediador, facilitador ou catalisador do processo de formação e, ao mesmo tempo, como alguém também se formando, movimentando-se, transformando-se, evoluindo, relacionando-se com trocas enriquecedoras e significativas. Como um processo que se dá internamente, isto é, para dentro e não para fora, tanto por parte do aluno como do professor. Há algo de misterioso. Ao lado do prazer, o processo de formação é descrito como uma passagem sofrida, dolorosa, que envolve ultrapassar umbrais, ficando evidente a angústia da formação, vivida por ambas as partes: aquela de criar um movimento. A disponibilidade para o inesperado, para que o desconhecido tenha lugar na atividade formativa, implica uma qualidade do professor no manejo das diferenças, das divergências, presentes em todas as relações humanas.

Do mesmo modo, a formação psicanalítica deveria favorecer e criar esse espaço para a alteridade seja de idéias, pensamentos, seja de experiências clínicas com diferentes tipos de pacientes em instituições distintas. Uma transmissão da psicanálise que contenha trocas enriquecedoras e significativas. Uma formação fechada em si mesma, sem contato com a alteridade, deixa o psicanalista à mercê das identificações alienantes.

Portanto, não é apenas formar por formar, apaixonar-se por apaixonar-se, mas a paixão e o formar adquirem significado na busca de um objeto de amor: o outro.

O outro é aqui entendido como: o aluno-psicanalista admirado, que busca assemelhar-se ao seu professor-analista, que, entusiasmado em conceber o seu aluno-psicanalista, aperfeiçoa-se e transborda sua paixão, dispondo-se a se esvaziar para formar um outro; o aluno-psicanalista em formação, que passa a ocupar o lugar de intimidade com o professor-analista e com o objetivo de investigação: o psiquismo.

O psicanalista em formação vive um conflito entre o desejo de buscar uma identidade acabada de analista, impossível de ser alcançada, e a frustração de se deparar com a realidade de uma formação infinita. Então, não há uma *fôrma* de psicanalista e não há uma *forma* de ser psicanalista definida? Como seria, então, formar sem colocar na *foôrma*? Já dizia Freud que educar e psicanalisar eram tarefas impossíveis.

Em qualquer processo de formação os mecanismos de idealização, de filiação, de afiliação, de caráter mítico, de identificações, de identificações mórbidas (por que não?) estão presentes e demandam um profundo trabalho de elaboração para a constituição de um sujeito psicanalista.

Somente uma relação de formação apaixonada-apaixonante pode revelar e desvelar o psicanalista de cada um, tanto para aquele que forma como para aquele que é formado. Somente um psicanalista acreditando e estabelecendo uma relação de entusiasmo com a psicanálise pode verdadeiramente trazer à tona a identidade psicanalítica de cada um de nós. Paixão que move, mas não cega (Silva, 1992).

Como diz Winnicott (1971b), "é no brincar, e talvez apenas no brincar, que a criança ou adulto fruem sua liberdade de criação", e ainda:

> *É no brincar, e somente no brincar, que o indivíduo, criança ou adulto, pode ser criativo e usar sua personalidade integral: e é somente sendo criativo que o indivíduo descobre o eu (self). Ligado a isso, temos o fato de que somente no brincar é possível a comunicação, exceto a comunicação direta, que pertence à psicopatologia ou a um extremo de imaturidade (p. 79-80).*

O desejo e a fantasia ligados à formação têm relações com o desejo e a fantasia de analisar; tanto o professor como os psicanalistas são confrontados com o desenvolvimento da capacidade otimista da vida. Por meio de técnicas e de uma arte, procuram assegurar a proteção e a defesa contra a morte e a destrutividade. Eles encontram um dos fundamentos da vocação na fantasia de restauração e de reparação do corpo materno, numa das provas que confrontam com o interditado e a transgressão, o desejo da onipotência e da imortalidade, o poder de dominação ou de dar a morte. O que os distingue relaciona-se com suas identificações (Kaës, 1984).

A paixão de formar contém em si um conflito, uma contradição: envolve a idéia de paixão, que designa uma situação de posse e de narcisismo (Freud, 1914); e a de formar, que designa uma idéia de relação com o outro, de desenvolvimento, de dar e tomar forma, de libertar-se. No contraponto, figuram a deformação e o ódio, a culpa e a destruição. O formar pode ser vivido como um vício dominador, em que o lúdico ocupa o lugar da dominação do outro. Os aspectos agressivos e hostis não estão ausentes na formação, estão presentes, mas contidos de modo que a criação possa emergir.

Winnicott (1951) coloca que "a tarefa final da mãe consiste em desiludir gradativamente o bebê, mas sem esperança de ser bem-sucedida, a menos que, a princípio, tenha podido propiciar oportunidades suficientes para a ilusão" (p. 402). Penso que a situação de formação desejável seria como um reencontro com o olhar da mãe nos alunos-analistas, que desencadeia a ilusão e proporciona ao bebê a introjeção do objeto bom e a confiança neste objeto. Poderíamos afirmar que na paixão de formar se reatualizam as primeiras relações ilusórias do professor-analista e do aluno-analista. Há uma relação de reciprocidade.

Aquele que forma cumpre a tarefa de ser mãe suficientemente boa, ilude e desilude, e ainda possibilita, transferencialmente, a superação da dependência do aluno-psicanalista em formação em relação a suas figuras parentais, movimento este necessário desde o início da vida e, por extensão, em relação ao seu professor-analista. O professor-analista apaixonado seria a segunda mãe suficientemente boa, assim como a mãe que permite que o aluno-analista seja psicanalista. Aqui, também, está presente a concepção de Freud (1914b) sobre o que seria uma educação acabada e bem-sucedida, no sentido de que o aluno passa a caminhar por si só para o devir psicanalista.

Propiciar um campo de ilusão nas relações de formação psicanalítica (seja ela análise pessoal, seja supervisão, seja seminários), em que se dê vazão ao sonhar, à criatividade, à curiosidade e à espontaneidade, mantém vivo o espírito da psicanálise na prática clínica, favorece identificações sadias, para depois, em outro momento, também elaborar e teorizar.

Muitos analistas, professores e alunos buscam de forma lúdica, como um jogo que não termina nunca, a reparação, na qual o outro figura com primazia, oferecendo conhecimento e proporcionando o desenvolvimento deste outro. A diferença impõe-se como algo que vem a complementar, enriquecer, trazer a discórdia para que o novo, o desconhecido, se desvele e possa emergir a criação. Mais importante que buscar discípulos submissos, trata-se de encontrar curiosos fiéis à investigação psicanalítica na tentativa de que o conhecimento se movimente, se desarranje e, então, como na arte, se represente e adquira novos significados.

Para isso, é necessário que a instituição formadora, como representante parental, dentro de uma visão pluralista e democrática, ofereça um ambiente acolhedor e estimulante para as idéias ainda incipientes de seus alunos-analistas, auxiliando o desabrochar do potencial de cada um. E que os alunos-analistas possam discriminar identificações mórbidas e encontrar o seu jeito próprio de ser psicanalista.

E como ampliar a compreensão psicanalítica do sofrimento emocional?

É difícil caracterizar como se constitui a escuta analítica, ela não tem só uma origem e é difícil identificar uma única filiação. Ela tem origens e ligações com toda a história pessoal e analítica do psicanalista, incluindo as diferentes experiências e formações clínicas e teóricas. Observo que minhas experiências profissionais diversas — tanto na área da psicologia educacional como na área psicanalítica, como analista de crianças, adolescentes e adultos, assim como o trabalho com famílias de pacientes graves e com bebês por meio de intervenção precoce — têm sido ingredientes importantes para compreensão do sofrimento psíquico e para a formação psicanalítica.

O trabalho com famílias de pacientes graves exige uma enorme capacidade de continência diante da quantidade de material psíquico não-transformado, e as intervenções precoces têm a mesma demanda de continência para simplesmente favorecer que as ligações entre os fenômenos transgeracionais se façam, sem assumirmos posturas pedagógicas. Com isso, quero chamar a atenção para a importância de uma formação rigorosa do psicanalista, como enfatizou Winnicott (1965b), ao se referir ao valor da consulta terapêutica, que, para utilizar essa técnica, o terapeuta deve preparar-se, tornando-se inteiramente familiarizado com a técnica, psicanalítica clássica, e seguir seriamente certo número de análises conduzidas com sessões diárias, continuadas, através dos anos. "Só desta maneira é que o analista aprende o que tem de ser aprendido dos pacientes e só desta maneira é que ele domina a técnica de reter interpretações que têm validade sem importância imediata ou urgente" (p. 244). Destaca, ainda, que se houver um tipo de caso que pode ser ajudado por uma ou três visitas a um psicanalista isso amplia imensamente o valor social do analista e ajuda a justificar sua necessidade de efetuar análise em plena escala, a fim de aprender seu ofício. Em outras palavras, Winnicott defende que "há casos em que uma mudança sintomática rápida é preferível a uma cura psicanalítica, ainda que se preferisse a última" (p. 244).

Minha experiência trabalhando com a psicose, com pacientes com transtornos emocionais graves e com suas famílias, tem representado um diferencial marcante na minha escuta analítica. A experiência clínica com a psicose parece-me fundamental na formação psicanalítica para a compreensão de psicopatologias relacionadas aos fenômenos transgeracionais, que muitas vezes são traumatismos atualizados na transferência. Outro aspecto que gostaria de destacar na formação do psicanalista é a necessidade do reconhecimento do caráter efetivo do fenômeno transgeracional: do contrário, o conluio entre o nível do que é fantasia e do que é o real acontecido, na escuta, enlouquece o outro. Baseado nesse reconhecimento estabelecido e reinscrito em uma co-construção narrativa da dupla analítica, é que a dimensão do *a posteriori* poderá ser confrontada como eventual reatualização ou mesmo para o nascimento de um espaço mental para as fantasias.

Quando o analista compreende a sintomatologia, as lacunas e os impedimentos advindos do elemento transgeracional, ele assume um posicionamento com relação ao outro, como outro e como alguém que é fruto de uma história e que carrega essa história. Ou seja, o analista toma em consideração a condição humana na sua historicidade, e isso implica a desculpabilização do paciente, porque ele é fruto de uma história. Para isso, é necessário que o analista, a partir dessa concepção de psiquismo, tenha a convicção de que certas vivências do paciente não são fantasias. Os relatos clínicos testemunharam que nem tudo era sonho, que existiam de fato vivências que não eram fantasias. E, assim, poderia dizer, atrelada a esses pacientes, que nem tudo é fantasia ou vem do mundo interno, que os objetos externos são reais e nem tudo é sonho...

Dessa forma, penso ter assinalado minha posição com relação à técnica psicanalítica, mas também minha posição ética diante dos fenômenos transgeracionais.

Espero, parafraseando Adélia Prado[83], que, quem sabe, este trabalho tenha dito algo sobre o trem transgeracional que atravessa nossa vida, dia e noite, noite e dia, como uma coisa mecânica, mas que também pode transformar-se em sentimento. Quem sabe...

83. *"Um trem-de-ferro é uma coisa mecânica,/mas atravessa a noite, a madrugada, o dia,/ atravessou minha vida,/virou só sentimento"* (Adélia Prado, 1991, p. 49).

Referências bibliográficas

ALMEIDA, M. M. (1999) *Transicionalidade numa consulta terapêutica filmada: uma re-criação a partir do olhar do observador.* Trabalho desenvolvido durante o Curso da 3ª Geração de Diplomados a Distância em Psicopatologia do Bebê, na Universidade Paris XIII.

BICK, E. (1964) Notes on Infant Observation. *Psycho-analytic Training. International Journal Psychoanalysis,* 45, p. 558-66.

_______. (1968) The experience of skin in early object relations. *International Journal of Psycho-Analysis*, nº 49, p. 484-86.

BION, W. R. (1959a) Ataques ao vínculo. In: *Volviendo a pensar.* Buenos Aires: Ediciones Horme S. A. E., 1990, p. 128-50.

_______. (1959b) *Cogitations.* London: Karnak Books, 1992. p. 31-2.

_______. (1962a) *Aprendiendo de la experiencia.* México: Piados, 1991.

_______. (1962b) Una teoría del pensamiento. In: *Volviendo a pensar.* Buenos Aires: Ediciones Horme S.A.E., 1990, p.151-64.

_______. (1965) *As transformações: a mudança do aprender para o crescer.* Rio de Janeiro: Imago, 1991.

_______. (1967a) "Notes on memory and desire", *Psychoanalytic Forum,* vol. 2, nº 3. *Revista de Psicoanálisis,* vol. 26, p. 679-92, 1969.

_______. (1967b) *Second thoughts papers on psycho-analysis.* Londres: W. Heinemann.

_______. (1970) *Atenção e interpretação.* Rio de Janeiro: Imago Editora, 1973.

BOWLBY, J. (1990) *Apego: a natureza do vínculo.* São Paulo: Martins Fontes.

BRITTON. (1994) Mantendo coisas em mente. In: *Conferências clínicas sobre Klein e Bion.* Rio de Janeiro: Imago.

CARONE, M. (1998) *Resumo de Ana*, São Paulo: Companhia das Letras.

CICCONE, A. (1997) A superposição imagóica e a fantasia de transmissão. In: EIGUER, A. & outros, *A transmissão do psiquismo entre gerações: enfoque em terapia familiar psicanalítica.* São Paulo: Unimarco Editora, 1998, p. 181-221.

CORREA, O. B. R. (org.) (2000) *Os avatares da transmissão psíquica geracional.* São Paulo: Escuta.

DIAS, E. O. (1994) A regressão à dependência e o uso terapêutico da falha do analista. *Revista Percurso*, S. P., ano VII, nº 13, p. 71.

EIGUER, A. (1991) L'identification à l'objet transgénérationnel. *Journal de la psychanalyse de l'enfant,* 10, p. 108-15.

EIGUER, A. & outros (1997) *A transmissão do psiquismo entre gerações: enfoque em terapia familiar psicanalítica.* São Paulo: Unimarco Editora, 1998.

_______. (1997) À parte maldita da herança. In: EIGUER, A. & outros. *A transmissão do psiquismo entre gerações: enfoque em terapia familiar psicanalítica.* São Paulo: Unimarco Editora, 1998, p. 21-84.

FAIMBERG, H. (1993a) A telescopagem das gerações a propósito da genealogia de certas identificações. In: KAËS R. & outros. *Transmissão da vida psíquica entre gerações.* São Paulo: Casa do Psicólogo, 2001, p. 71-93.

_______. (1993b) Escuta da telescopagem das gerações: pertinência psicanálitica do conceito. In: KAËS R. & outros. *Transmissão da vida psíquica entre gerações.* São Paulo: Casa do Psicólogo, 2001, p. 129-145.

_______. (1993c) O mito de Édipo revisitado. In: KAËS R. & outros. *Transmissão da vida psíquica entre gerações.* São Paulo: Casa do Psicólogo, 2001, p. 169-89.

FREUD, S. (1895) Estudos sobre a histeria *S.E.,* vol.II. Rio de Janeiro: Imago, 1976.

_______. (1900) Interpretação dos sonhos, *S.E.,* vol. IV-V. Rio de Janeiro: Imago, 1976.

FREUD, S. (1913) *Totem e tabu. S.E.*, vol.XIII. Rio de Janeiro: Imago, 1976.

_______. (1914) *Introdução ao narcisismo. S.E.*, vol. XIII. Rio de Janeiro: Imago, 1976.

_______. (1914b) *Algumas reflexões sobre a psicologia do escolar. S.E.*, vol. XIII. Rio de Janeiro: Imago, 1976.

_______. (1915) *Os instintos e suas vicissitudes. S.E.*, vol. XIV. Rio de Janeiro: Imago, 1976.

_______. (1921) *Psicologia de grupo e análise do ego. S.E.*, vol. XVIII. Rio de Janeiro: Imago, 1976.

_______. (1923[1922]) Dois verbetes de enciclopédia, *S.E.*, vol. XVIII. Rio de Janeiro: Imago, 1976.

_______. (1923) *O ego e o id. S.E.*, vol. XIX. Rio de Janeiro: Imago, 1976.

_______. (1937) Análise terminável e interminável. *S.E.*, vol. XXIII. Rio de Janeiro: Imago, 1976.

_______. (1939) Moisés e Monoteísmo. *S.E.*, vol. XXIII. Rio de Janeiro: Imago, 1976.

GAFFIOT, (1934) *Dictionnaire Latin Français*, Paris: Hachett.

GOETHE, W. (1807) *Fausto*. Parte I, Cena I, Rio de Janeiro: Livraria Garnier, sem data.

GOLSE, B. (2001a) *La transmission psychique dans le developpement et dans lla formation*. Conferência proferida na SBPRJ, Rio de Janeiro.

_______. (2001b) *Regards croisés sur l'attachement — Psychanalyse, psychologie du développement, ethologie*. Conferência proferida na SBPRJ, Rio de Janeiro.

GRIMAL, P. (1988) *Dictionnaire de la Mythologie grecque et Romaine. Paris*: PUF, 9ème éd.

HANLY, M. F. (ANO) "Narrativa", agora então: uma abordagem crítica realista. *Livro Anual de Psicanálise* (1996) XII, p. 53-64.

HERRMANN, F. (1991a) *Clínica psicanalítica. A arte de interpretação.* São Paulo: Ed. Brasiliense, p. 130.

_______. (1991b) *Andaimes do real. Livro primeiro. O método da psicanálise.* São Paulo: Ed. Brasiliense.

HINSHELWOOD, R. D. (1992) *Dicionário do pensamento kleiniano.* Porto Alegre: Artes Médicas.

ISAACS-ELMHIRST, S. (1980) Bion and babies. *The Annual of psycho-analysis,* VIII, p. 155-167. New York International Universities Press.

KAËS, R. (1984) Quatre études sur la fantasmatique de la formation et le désir de former, In: KAËS, R. et ANZIEU, D. *La fantasmatique de la formacion.* Paris, Dunod.

KAËS, R. & outros (1993) *Transmissão da vida psíquica entre gerações.* São Paulo: Casa do Psicólogo, 2001.

_______. (1993a) O sujeito da herança. In: KAËS R. & outros. *Transmissão da vida psíquica entre gerações.* São Paulo: Casa do Psicólogo, 2001, p. 9-25.

_______. (1993b) Introdução ao conceito de transmissão psíquica no pensamento de Freud. In: KAËS R. & outros. *Transmissão da vida psíquica entre gerações.* São Paulo: Casa do Psicólogo, 2001, p. 27-69.

KLEIN, M. (1946) Notas sobre alguns mecanismos esquizóides. In: KLEIN, M., HEIMANN, P., ISAACS, S. & RIVIERE, J. *Os progressos da psicanálise.* Rio de Janeiro: Zahar Editores, 1978.

LAPLANCHE, J. & PONTALIS, J.-B. (1977) *Vocabulário da psicanálise.* Lisboa: Moraes Editores, 4 ed.

LEBOVICI, S. et la col. STOLERU, S. (1983) *La mère, le nourrisson et le psychanalyste, les interactions prècoces.* Paris, Le Centurion.

LEBOVICI, S. (1986) À propos des consultations thérapeutiques. *Journal Psychanalyse de l' Enfant*, 3:135-152.

LEBOVICI , S. et WEIL-HARPEN (1989a) *La psychopatologie du bébé.* Ed. Siglo XXI.

LEBOVICI S., MAZET PH. Et VISIER J. P. (1989b) *L'evaluation des interations precoces entre le bebe et se partenaires.* Paris, Eshel.

_______. (1991) Des psychanalystes pratiquent des psychothérapies bébés-parents. *Ver. Franç. Psychanal.* 56: 733-857.

_______. (1993b). On intergenerational transmission: from filiation to affiliation. *Infant Mental Health Journal*, 14, 4, 260-272.

_______. et BARRIGUETE, A., SALINAS, J., MAZET, P., MALDONADO, J. M. (1998) La consulta terapéutica en algunas alteraciones de alimentación del lactante. In: BECERRA,T.L., MADONADO-DURÁN, J. M. e ROSAS, H. A. *La alimentación en la primeira infancia y sus efectos en el desarrollo.* México: Plaza y Valdes Editores, p. 392-405.

MELTZER, D. (1975). Identificação adesiva. *Jornal de Psicanálise,* ano 19, nº 38, 1986.

_______. (1992) *Claustrum: una investigación sobre los fenómenos claustrofóbicos.* Buenos Aires: Spatia Editorial, 1994.

MENESES, A. M. (2002) *As portas do sonho.* S. Paulo, Ateliê Editorial, cap. 2, p. 49-69.

MIJOLLA, A. (1986) *Los visitantes del yo, fantasmas de identificación.* Madrid: Tecnipublicaciones.

MINERBO, M., SILVA, M. C. P. & cols. Tratamento institucional de transtornos emocionais graves na adolescência: dois casos clínicos, *Revista IDE,* junho 2002, nº 35, p. 22-36.

MORO M. R. (1995) Le fundaments théoriques de l'ethnopsyquiatrie parents-enfant. In: MORO, M. R. *Parents en exil.* 1995. Paris: Presses Universitaires de France, p. 47-94.

MORO, M. R., BARRIGUETE, A. (1998) Aspectos transculturales de la alimentación del lactante. In: BECERRA, T. L., MALDONADO-DURÁN, M., ROSAS, A., (coord.). *La alimentación en la primera infancia y sus efectos en el desarrollo.* México: Plaza y Valdes Edit., p. 337-62.

NÉRET, G. (1996) *Salvador Dali: 1904-1989.* Lisboa: Taschen. p. 44.

NOGUEIRA, P. O. (1993) Algumas sugestões para a caracterização de atividades mentais psicóticas e não-psicóticas, In: *Uma trajetória analítica: coletânea.* Goiânia: Dimensão Ed.

OGDEN, T. (1989) Initial analytic meeting. In: *The primitive edge of experience.* Nova Jersey, Londres: Jason Aronson, Cap. 7. (p. 169-94).

PESSOA, F. (1923) *Obra poética.* Alvaro Campos. Rio de Janeiro: Editora Nova Aguilar, 1990. Lisbon Revisited, Poema 450, p. 356.

PRADO, A. (1991) *Poesia reunida.* São Paulo: Siciliano, p. 19 e 49.

PROUST, M. (1871-1922) Em busca do tempo perdido. A prisioneira. São Paulo: Editora Globo, 1999.

RACAMIER, P. C. (1992) *Le génie des origines — Psychanalyse et psychoses.* Paris: Éditions Payot.

ROSENFELD, H. (1987) Narcisismo destrutivo e pulsão de morte. In: *Impasse e interpretação.* Rio de Janeiro: Imago, 1998. p. 139-66.

SAFRA, G. (1999) *A face estética do self*: teoria e clínica. São Paulo: Unimarco, p. 168.

SALINAS, J. I., PÉREZ, P., VINIEGRA, L., BARRIGUETE, J. A. (1992) Modelo psicodinámico sistémico de evaluación familiar. *Revista de Investigación Clínica,* vol. 44, nº 2, p. 169-88.

SAPIENZA & GIOVANETTI (1989) Alucinose e/ou transformações em psicanálise "nolime tangere". *Revista Brasileira de Psicanálise,* vol. 23, nº 3, p. 89-92.

SEGAL, H. (1973) *Introdução à obra de Melanie Klein.* Rio de Janeiro: Imago, 1975, p. 131-37.

SHAKESPEARE, W. *Ricardo III,* Rio de Janeiro: Nova Fronteira, 1993.

SOLIS, L., ORG. (2002) *La Parentalité — Défi pour le troisième millénaire — Un homenage internacional à Serge Lebovici,* Paris: PUF, 2002

SILVA, M. C. P (1991) *A paixão de formar: Uma contribuição psicanalítica à psicologia da educação.* Tese de Mestrado em Psicologia da Educação da Pontifícia Universidade Católica de São Paulo, São Paulo.

_______. (1992) Nada e paixão — Acerca do que vem a ser o psicanalista. *Jornal de Psicanálise,* vol. 25, nº 49, São Paulo.

_______. (1994) *A paixão de formar,* Porto Alegre: Artes Médicas.

_______. (1994) *Re-escutando a dupla analítica.* Trabalho apresentado na SBPSP.

_______. (1995) *A relação de dependência revertida na díade mãe-bebê.* Trabalho apresentando no XV Congresso Brasileiro de Psicanálise, Recife (PE).

_______. (1997) *La question d'introjection d'objet analytique: une esquisse a partir de la clinique.* Trabalho apresentado no 4º Colóquio Franco-Mexicano, Universidade de Verão de Paris e Associação Franco-Mexicano Mental.

_______. (1998) Material Clínico. In: FRANÇA, M.O de A. F. e PETRICCIANI, M. (org.) *Antonino Ferro em São Paulo — Seminários* São Paulo: Editora SBPSP, 1998. p.113-28.

_______. (1999) Introjeção da função analítica: um esboço a partir da clínica. In: *Revista Brasileira de Psicanálise,* vol. 33, nº 2. p. 267-82.

_______. (2002) *A Herança Psíquica na Clínica Psicanalítica.* Tese de doutoramento defendida na área de Psicologia Clínica, núcleo de Psicanálise, PUCSP, p.174.

SOLIS, L., ORG. (2002) *La Parentalité — Défi pour le troisième millénaire — Un homenage internacional à Serge Lebovici,* Paris: PUF, 2002

WINNICOTT D.W. (1942) Consultas do departamento infantil. In: *Textos selecionados. Da pediatria à psicanálise.* 4. ed. Rio de Janeiro: Francisco Alves, 1993, p. 165-85.

_______. (1947) La haine dans le contre-transfert . In: *De la pédiatrie à la psychanalyse. Travaux réunis.* 1935-1963. Paris: Payot, 1969.

_______. (1951) Objetos e fenômenos transicionais. In: *Textos selecionados. Da pediatria à psicanálise.* 4. ed. Rio de Janeiro: Francisco Alves, 1993.

_______. (1960a) Teoria do relacionamento paterno-infantil. In: *O ambiente e os processos de maturação: estudos sobre a teoria do desenvolvimento emocional.* Porto Alegre: Artes Médicas, 1990, p. 38-54.

_______. (1960b) O relacionamento inicial entre uma mãe e seu bebê. In: *A família e o desenvolvimento individual.* São Paulo: Imago, 1993, p. 21-8.

_______. (1960c) The theory of the parent-infant relationship. *Int. J. Psycho. Anal.*, nº 41, p. 585-95.

_______. (1963) Medo do Colapso. In: WINNICOTT, C.; SHEPHERD, R. & DAVIS, M. *Explorações psicanalíticas.* Porto Alegre: Artes Médicas 1994.

_______. (1965a) A psicologia da loucura: uma contribuição da psicanálise. In: WINNICOTT, C.; SHEPHERD, R. & DAVIS, M. *Explorações psicanalíticas: D. W. Winnicott.* Porto Alegre: Artes Médicas. 1994, p. 94-101.

_______. (1965b) O valor da consulta terapêutica. In: WINNICOTT, C.; SHEPHERD, R. & DAVIS, M. *Explorações psicanalíticas: D. W. Winnicott.* Porto Alegre: Artes Médicas. 1994, p. 244-48.

_______. (1965c) *A família e o desenvolvimento individual.* São Paulo: Imago, 1993, p 21-8.

_______. (1966) Sobre os elementos masculinos e femininos ex-cindidos. In: WINNICOTT, C.; SHEPHERD, R. & DAVIS, M. *Explorações psicanalíticas: D. W. Winnicott.* Porto Alegre: Artes Médicas. 1994, p.133-50.

_______. (1967a) O papel de espelho da mãe e da família no desenvolvimento infantil. In: *O brincar e a realidade.* Rio de Janeiro: Imago, 1975, p. 153-62.

WINNICOTT D.W. (1967b) A localização da experiência cultural. In: *O brincar e a realidade.* Rio de Janeiro: Imago, 1975.

_______. (1969) A experiência mãe-bebê de mutualidade. In: WINNICOTT, C.; SHEPHERD, R. & DAVIS, M. *Explorações psicanalíticas: D. W. Winnicott.* Porto Alegre: Artes Médicas. 1994, p. 195-202.

_______. (1971a) *Consultas terapêuticas em psiquiatria infantil.* Rio de Janeiro: Imago, 1984

_______. (1971b) *O brincar e a realidade.* Rio de Janeiro: Imago, 1975, p. 79-80.

_______. (1979) *O ambiente e os processos de maturação: estudos sobre a teoria do desenvolvimento emocional.* Porto Alegre: Artes Médicas, 1990.

WINNICOTT, C.; SHEPHERD, R. & DAVIS, M. (1994) *Explorações psicanalíticas: D. W. Winnicott.* Porto Alegre: Artes Médicas.

Bibliografia consultada

ABRAHAM, N. & TOROK, M. (1978) *L'écorce et le noyau.* Paris: Aubier-Flammarion.

ALMEIDA, M. M. (1997) Intervenção clínica em problemas de alimentação infantil a partir da observação psicanalítica da relação pais-bebê. In: MÉLEGA, M. P. (coord.) *Tendências. Observação da relação mãe-bebê* — Método Esther Bick. São Paulo: Unimarco Editora, p. 197-203.

ANDRÉ-FUSTIER, F. & AUBERTEL, C. (1997) A transmissão psíquica familiar pelo sofrimento. In: EIGUER, A. & outros. *A transmissão do psiquismo entre gerações: enfoque em terapia familiar psicanalítica.* São Paulo: Unimarco Editora, 1998, p. 129-79.

ARENDT, H. (1958) *A condição humana.* 8. ed. Rio de Janeiro: Forense Universitária, 1997.

AULAGNIER, P. (1975) A violência da interpretação. Rio de Janeiro: Imago, 1979.

BARALE, F. (1990) Riflessioni a partire dal Mosè (Trauma e storia dall´ ultimo Freud a noi). *Riv. Psicoanal.* 36, p. 879-919.

BARANES, J. J. (1986) À soi-même étranger. *Revue française de psychanalyse,* L, 4, p. 1079-96.

_______. (1993) Tornar-se si mesmo: avatares e lugar do transgeracional. In: KAËS R. & outros. *Transmissão da vida psíquica entre gerações.* São Paulo: Casa do Psicólogo, 2001, p.191-213.

BARANGER W.; GOLDSTEIN, N. & GOLDSTEIN, R. Z. (1989) Acerca de la des-identifación. In: *Artesanias psicoanalíticas*. Buenos Aires: Ed Kargieman, 1994.

_______ & COLS. (1994) *Contribuições ao conceito de objeto em psicanálise*. São Paulo, Casa do Psicólogo: Clínica de Psicanálise Roberto Azevedo.

BARRIGUETE, J. A.; MORO, M. R.; AGUILAR, C. & outros (1988). Étude préliminaire des soins précoces mere bebé (crianza) chez les P'urhe. Vers une ethnopsychanalyse périnatale. In: MAZET Ph.et Lebovici S. (eds.). *Psychiatrie perinatale*. Paris: Press Universitaire de France. p.471-88.

BARRIGUETE, J. A.; MIRANDA, E. L. C.; GOLSE, B.; SALINAS, J. L. (2000) *Adopción en el Siglo XXI:* Actualidades Internacionales en el Estudio Multidisciplinario de la Adopción, un Modelo Franco-Mexicano. México.

BECERRA, T. L., MALDONADO-DURÁN, M., ROSAS, H. A. (1998) *La alimentación en la primera infancia y sus efectos en el desarrolo:* Una visión de profesionales de la salud. México: Plaza y Valdes.

BENGHOZI, P. (2000) Traumatismos precoces da criança e tranmissão genealógica em situação de crises e catástrofes humanitárias. Desemalhar e reemalhar continentes genealógicos familiares e comunitários. In: CORREA, O. B. R. (org.) *Os avatares da transmissão psíquica geracional.* São Paulo: Escuta, p. 89-100.

BERENSTEIN, I. (1990) *Psicoanalizar una familia.* Buenos Aires: Ed. Paidós.

BERGER, M. (1987) *Pratique des entretiens familiaux.* Paris: Presses Univ. France, Le Fil Rouge.

BICK, E. (1986) Further considerations of the function of the skin in early object relations. *Br. J. Psychother.*, nº 2, p. 292-99.

BLEGER, J. (1966) *Psicoigiene e psicologia istituzionale.* Tr. It. Loreto: Libreria Editrice Lauretana, 1989.

_______. (1980) *Temas de psicologia.* São Paulo: Livraria Martins Fontes Ltda.

BRANDÃO, J. S. (1993) *Mitologia grega.* vol. I, 8. ed.. Petrópolis: Vozes.

BRUN, D. (1996). *A criança dada por morta — Riscos psíquicos da cura.* São Paulo: Casa do Psicólogo.

CAHN, R. (1991) *Adolescence et folie*. Paris: PUF.

CALVINO, I. (1993) *O cavaleiro inexistente*. São Paulo: Companhia das Letras.

CAREL, A. (1997) A posteridade da geração. In: EIGUER, A. & outros. *A transmissão do psiquismo entre gerações: enfoque em terapia familiar psicanalítica*. São Paulo: Unimarco Editora, 1998, p. 85-128.

CARON, N. A. (1997) Intervenções psicoterápicas nas relações primitivas pais-bebê. In: MÉLEGA, M. P. (coord.) *Tendências. Observação da relação mãe-bebê* — Método Esther Bick. São Paulo: Unimarco Editora, p. 149-60.

CARONE, M. (1998) *Resumo de Ana*. São Paulo: Companhia das Letras.

CHERTOK, L. (1984) *Résurgences de l'hypnose*. Paris: Desclée de Brouwer.

CORREA, O. B. R. (2000a) Colóquio em homenagem a Nicolas Abraham e Maria Torok. In: CORREA, O. B. R. (org.) *Os avatares da transmissão psíquica geracional*. São Paulo: Escuta, p. 9-16.

CORREA, O. B. R. (2000b) Eclosão dos vínculos genealógicos e transmissão psíquica. In: CORREA, O. B. R. (org.) *Os avatares da transmissão psíquica geracional*. São Paulo: Escuta, p. 61-71.

CRAMER, B. (1974) Interventions thérapeutiques breves avec parents et enfants. *Psychiat. l'Enfant*, nº 17, p. 53-117.

______. (1982) Interaction réelle, interaction fantasmatique. Réflexions au sujet des thérapies et des observations de nourrissons. *Psychothérapie*, vol. I, nº 2, p. 39-47.

______ & STERN, D. (1988) Evaluationn des changements relationnels au cours d'une psychothérapie breve mère-nourrisson. In: *Psychiatrie du bébé*. Ed. B. Cramer. Paris: Eshel; Geneva: Médecine et Hygiene, p. 31-70.

______ & PALACIO ESPASA, F. (1993) La technique des psychothérapies mere-bébé. In: *Études cliniques et théoriques*. Paris: Presses Univ. France, p. 126-32.

DIATKINE, G. (1984) Chasseurs de fantômes, inhibition intellectuelle, problèmes d'équipe et secret de famille. *Psychiatrie de l'enfant, vol.* XXVII, nº 1, p. 223-48.

ENRIQUEZ, M. (1993a) O delírio como herança. In: KAËS R. & outros. *Transmissão da vida psíquica entre gerações*. São Paulo: Casa do Psicólogo, 2001, p. 95-145.

ENRIQUEZ, M. (1993b) Incidência do delírio parental sobre a memória dos adolescentes. In: KAËS R. & outros. *Transmissão da vida psíquica entre gerações*. São Paulo: Casa do Psicólogo, 2001, p. 147-67.

ETCHEGOYEN, R. H. (1987) *Fundamentos da técnica psicanalítica*. Porto Alegre: Artes Médicas.

FÉDIDA, P. (1982) La clinique psychanalytique en présence de la référence génétique. In: FÉDIDA, P., GUYOTAT, J., ROBERT, J.-M. *Génétique clinique et psychopathologie, hérédité psychique et hérédité biologique*. Villeurbanne, Simep.

FÉDIDA, P.; GUYOTAT, J. & COL. (1986) *Actualités transgénérationnelles en psychopathologie*. Paris: Centurion.

_______. (1986) *Généalogie et transmission,* Paris: Écho-Centurion.

FERENCZI, S. (1932) Confusion de langue entre lês adultes et l'enfant. In: *Oeuvres complètes*. IV. Paris: Payot. p. 125-38.

FERRO, A. (1995) *A técnica na psicanálise infantil:* a criança e o analista da relação ao campo emocional. Rio de Janeiro: Imago.

_______. (1998) *Antonino Ferro em São Paulo — Seminários*. In: FRANÇA, M. O. de A. F. e PETRICCIANI, M. (org.) São Paulo: Editora SBPSP.

_______. (2000) *A psicanálise como litereatura e terapia*. Rio de Janeiro: Imago, p. 132-35.

FRAIBERG, S. (1975) Ghost in the nursey. *J. Amer. Acad. Child Psychiat.*, nº 14, p. 387-421.

_______. (1980) *Clinical studies in infant mental health the first year of life*. Nova York, Basic Books.

FREUD, S. (1910) *As perspectivas futuras da terapêutica psicanalítica. S.E.,* vol. XI. Rio de Janeiro: Imago, 1976.

_______. (1917) *Teoria geral das neuroses. S.E.* vol XVI. Rio de Janeiro: Imago, 1976.

_______. (1924) *Neurose e psicose. S.E.,* vol. XIX. Rio de Janeiro: Imago, 1976.

GOLDSTEIN, R. Z. (1994) El Niño como objeto transicional de la madre: Demanda de dependência revertida, *Anais* do III Encontro Latino-Americano Sobre o Pensamento de Winnicott.

GOLSE, B. (1966) L'attacement en 1966 — remarques introductives. *Bulletin WAIMH — France*, vol. 3, nº 2, p. 1-3.

GRANJON, E. (2000) A elaboração do tempo genealógico no espaço do tratamento da terapia familiar psicanalítica. In: CORREA, O. B. R. (org.) *Os avatares da transmissão psíquica geracional.* São Paulo: Escuta, p. 17-43.

GRANOFF, W. & REY, M. (1983) *L'occulte, objet de la pensée freudienne.* Paris: PUF.

GREEN, A. (1978) O espaço potencial na psicanálise. In: *A loucura pessoal.* Rio de Janeiro: Imago, 1988. p. 293.

______. (1983) A mãe morta. In: *Narcisismo de vida, narcisismo de morte.* São Paulo: Editora Escuta, 1988.

______. (1988) O trabalho do negativo. *IDE*, nº 16, p. 24-8.

______. (1997) A intuição do negativo no brincar e a realidade. *International J. Psycho-Analysis*, nº 78, p. 1071.

______. (2000) A mente primordial e o trabalho do negativo. In: *Livro Anual de Psicanálise* — XIV — 2000, São Paulo, p. 133-48.

GRINBERG, L. (1976) *Teoría de la identificación.* Buenos Aires: Paidós.

GROTSTEIN, J. S. (1981) *Splitting and projective identificacition.* Nova York: Jason Aronson.

GUILLAUMIN, J. (1988) "Fliess, Freud, Ferenczi: creation premise et creation défendue, success et échec de la transmission dans l'appropriation identifiante au négatif". In: GAGNEBIN, M., GUILLAUMIN, J. & outros. *Pouvoirs du négatif dans la psychanalyse et dans la culture.* Seyssel: Champ-Vallon.

HAMON, P. (1972) *Pour un statut semiologique du personnage.* Littérature, 6.

HARRIS, M. (1988) *Crianças e bebês à luz de observações psicanalíticas.* São Paulo: Vértice, Editora Revista dos Tribunais, 1988. (Enciclopédia aberta da psique; 3)

JAQUEY, X. (1972) *Le deuil assumé ou de l'analyse des phénomènescontr-transférentiels en termes de contre-attitudes dans le champ psychothérapique institutionnel; contribution au traitament des psychotiques.* These pour le Doctorat em Medicine, Université de Paris VI.

KAËS, R. (1986) Objets et processus de la transmission, In: GUYOTAT, J.; FÉDIDA, P. e col., *Généalogie et Ttransmission,* Paris: Écho-Centurion, p.15-24.

______. (1989) Le pacte dégéneratif dans les ensembles transsubjectifs. In: MISSENARD, A . et col., *Le négatif — Figures et modalités.* Paris: Dunod, 101-36.

KAËS, R. (1993c) *Le groupe et le sujet du groupe.* Paris: Dunod.

_______. (1997) Os dispositivos psicanalíticos e as incidências da geração. In: EIGUER, A. & outros. *A transmissão do psiquismo entre gerações: enfoque em terapia familiar psicanalítica.* São Paulo: Unimarco Editora, 1998, p. 5-19.

_______. (2000) Um pacto de resistência intergeracional ao luto. Transmissão psíquica dos efeitos da morte de uma criança sobre os irmãos e irmãs e sobre suas descendência. In: CORREA, O. B. R. (org.) *Os avatares da transmissão psíquica geracional.* São Paulo: Escuta, p. 45-59.

KAPLAN, L. (2001) *O psicanalista.* São Paulo: Companhia das Letras, p. 21-2.

KLEIN, M. (1955), Sobre Identificação. In: *O Sentimento de Solidão.* Rio de Janeiro: Imago Editora Ltda., 1975.

KREISLER L. Et CRAMER B. (1981) Sur les bases cliniques de la psichiatrie du nourrisson *psichiatrie de l'enfant*, vol. 24, nº 1, p. 223-63.

LANGER, S. K. (1941) *Filosofia em nova chave.* 2. ed. Trad. Janete Meiches e J. Guinsburg. São Paulo: Perspectiva, 1989, p. 131.

LAPLANCHE, J. (1987) *Novos fundamentos para a psicanálise.* São Paulo: Martins Fontes. 1992.

LEBOVICI, S. (1993a) *Consulta terapeutica madre-lactante.* In: *Rev. Psicoanalisis APdeBA*, vol XV, nº 1, p.125-46.

MAHLER, M. (1967) On human symbiosis and the vicissitudes of individuation. *J. Amer. Psychoanal. Assn.*, nº 15, p. 740-63.

MANZANO, J. & PALACIO ESPASA, F. (1981) Psychothérapie de la relation mère-bébé précoce. *Psychothérapies,* nº 2, p.77-83.

_______. (1994) Les psychothérapies brèves parents-enfants et adolescents — une analyse des fondements théoriques et techniques. *Psychothérapies,* nº 2, p.85-94.

MARCONATO, M. M. (1997) A utilização da observação psicanalítica como instrumento clínico. In: MÉLEGA, M. P. (coord.) *Tendências. Observação da relação mãe-bebê* — Método Esther Bick. São Paulo: Unimarco Editora, p. 275-80.

MAZET, P. & STOLERU, S. (1990) *Manual de psicopatologia do recém-nascido.* Porta Alegre: Artes Médicas.

MAZET Ph. CONQUY L., LAOCH J. et col.. (1990) Bébés et mères deprimées. *Devenir*, nº 4, p. 71-80.

MAZET Ph. Et STOLERU S. (1993) *Psychopathologie du nourrison et du jeune enfant*, 2ª ediciòn. Paris: Masson.

MAZET Ph. (1996) Interactins precoces et recherche. In: *Dossier Bulletin de la Federation Francaise de Psychiatrie*, nº 9 Juin 96.

MÉLEGA, M. P. (coord.) (1997) *Tendências. Observação da relação mãe-bebê* — Método Esther Bick. São Paulo: Unimarco Editora.

MÉLEGA, M. P. (1997) A supervisão da observação da relação mãe-bebê — ensino e investigação. In: MÉLEGA, M. P. (coord.) *Tendências. Observação da relação mãe-bebê* — Método Esther Bick. São Paulo: Unimarco Editora, pp. 117-38.

MANZANO J., F. PALACIO ESPASA, F. & ZILKHA, N. (1999) Os roteiros narcísicos dos pais. In: *Livro Anual de Psicanálise* — XV — 2001. São Paulo. p. 37-47.

MELTZER, D. (1967) *O processo psicanalítico.* Rio de Janeiro: Imago. 1971. p. 64-77/131.

_______. (1990) *Metapsicología ampliada: aplicaciones clínicas de las ideas de Bion.* Buenos Aires: Spatia Editorial.

MELTZER D.; SABATINI A. (1985) *La Maladie Psychotique dans la Petite enfance*, trad. Franc., Lieux de L'Enfance, nº 3, p. 93-110.

MIJOLLA, A. (1996) *Les visiteurs du moi — Fantasmes d'Identification.* Paris: Société d'Édition Les Belles Lettres.

MISSENARD, A., ROSOLATO, G. & outros. (1989) *Lê négatif. Figures et madalités.* Paris: Dunod.

NESTROVSKI, A. (1992) Influência. In: JOBIM, J. L. (org.) *Palavras da crítica.* Rio de Janeiro, Imago.

PALACIO ESPASA, F. & MANZANO, J. (1982) La consultation thérapeutique des très jeunes enfants et leur mère. *Psychiat. l' enfant,* vol. 21, nº 1, p. 5-25.

PALACIO, E. F. et MANZANO J. (1988) Problèmatique psychique et interactions parens-bebè lors des interventions thèrapeutiques. In: CRAMER, B. (dir.) Psychiatrie du bebè. *Nouvelles Fontaières*, nº 71, p. 83, Paris, Eshel.

PENOT, B. (1989) *Figuras da recusa — Aquém do negativo.* Porto Alegre: Artes Médicas, 1992.

PEREZ-SANCHEZ, M. (1983) *Observação de bebês.* Rio de Janeiro: Paz e Terra.

POLANCO, N. R. (2000) *Observación de bebés.* México: Plaza y Valdés Editores.

PUGET, J. (2000) Disso não se fala... Transmissão e memória. In: CORREA, O. B. R. (org.) *Os avatares da transmissão psíquica geracional.* São Paulo: Escuta, p. 73-87.

RACAMIER, P. C. (1990) *Antoedipe et ses destins.* Paris: Apsygée.

RACKER, H. (1968) *Transference and countertransference.* Londres: Hogarth Press. (*Estudios sobre técnicas psicoanalítica.* Bueno Aires: Paidós, 1960).

_______. (1992) *Estudos sobre técnica psicanalítica.* Porto Alegre, Artes Médicas.

ROUSTANG, F. (1975) *Un destin si funeste.* Paris: Éditions de Minuit.

_______. (1980) *Elle ne le lâche plus.* Paris, Éditions de Minuit.

SANCHES-CARDENAS, M. (1994) *La place des parents dans la consultation pédopsychiatrique de l' enfant et de l' adolescent.* Paris: Masson.

SEARLES (1981) O esforço para enlouquecer o outro: Um elemento na etiologia e na psicoterapia da esquizofrenia. In: FIGUEIRA, S. A. & VELHO, G. *Família, psicologia e sociedade.* Rio de Janeiro: Editora Campos.

SHAKESPEARE, W. (1993) *Ricardo III.* Rio de Janeiro: Nova Fronteira.

_______. (1998) Rabiscos sobre Rabiscos. In: *Clínica psicanalítica de crianças e adolescentes: desenvolvimento, psicopatologia e tratamento*, José Outeiral (org.). Rio de Janeiro: Editora Revinter, 1998.

STERN, D. N. (1992) *O mundo interpessoal do bebê: uma visão a partir da psicanálise e da psicologia do desenvolvimento.* Porto Alegre: Artes Médicas.

TISSERON, S. & outros (1995) *Le psychisme à l´epreuve des générations — clinique du fantôme*, Paris: Dunod.

TOROK, M. (1968) Maladie du deuil et fantasme du cadavre exquis. In: *Revue française de psychanalyse,* nº 32, p. 715-34.

TORT, M. (1986) *L'argument généalogique.* Topique, nº 38, p. 69-86.

VILETE, E. (1997) Observação da relação mãe-bebê — a especificidade do método. In: MÉLEGA, M. P. (coord.) *Tendências. Observação da relação mãe-bebê* — Método Esther Bick . São Paulo: Unimarco Editora, p. 85-92.

WEIL, S. (1989) *Aulas de filosofia.* Campinas: Papirus, 1991, p. 48.

WILGOWICS, P. (1991) *Lê vampirisme.* Lyon: Cesura.

WINNICOTT, D.W. (1965) Uma nova luz sobre o pensar infantil. In: WINNICOTT, C.; SHEPHERD, R. & DAVIS, M. *Explorações psicanalíticas: D. W. Winnicott.* Porto Alegre: Artes Médicas. 1994, p. 119-23.

_______. (1988) *Textos selecionados: da pediatria à psicanálise.* Rio de Janeiro: Francisco Alves.

_______. (1988) *Os bebês e suas mães.* São Paulo: Martins Fontes Editora.

Vídeo

Coleção *"A l'Aube de la Vie"*, dirigidos por Lebovici & Golse, Star Film International, 1998.

Agradecimentos

Agradeço a Beatriz, Ana e Lia, pacientes fieis e tolerantes com as dificuldades do processo analítico, por terem me introduzido nas descobertas dos fenômenos transgeracionais, e a Antonino Ferro, que, durante um seminário clínico, me encorajou a continuar trabalhando com essas pacientes no campo do mito e da paixão.

A Maria Clara e sua família, por terem clareado tantas coisas, e ao querido Serge Lebovici, por suas preciosas contribuições na compreensão dessa intervenção precoce. A Magaly Marconato e Mariângela Mendes de Almeida, que partilharam comigo o atendimento de Maria Clara e muitas discussões a respeito de intervenções precoces e psicopatologias do bebê.

A Renata, por ter me apresentado ao mundo da psicose, e a Bernard Penot, por suas pontuações iluminadoras para o significado das transferências repartidas vividas com essa paciente e sua família. A Vera Beatriz Cortez de Moraes, pela coragem e ousadia na tarefa quase impossível de realizar comigo os atendimentos familiares de Renata. E a toda a equipe técnica do Instituto Therapon Adolescência, por todas as discussões realizadas nas reuniões clínicas — experiência única que tem contribuído para que eu amplie minha escuta analítica.

A meu orientador, Gilberto Safra, que me acolheu desde o início, durante os momentos de crise, até a hora em que estas idéias puderam tomar forma, contribuindo com seu conhecimento e sua escuta ímpar.

A Tania Aiello Vaisberg, Marion Minerbo, João Augusto Frayze-Pereira e Marcos Mercadante, pelas contribuições mais que precisas durante a defesa.

A FAPESP pela parceria que possibilitou essa publicou essa publição.

A Maria Cristina Magalhães, Felicidade Anísia Pinheiro Castelo, Darcy de Mendonça Uchôa e Izelinda Garcia de Barros, por terem me ensinado os eternos caminhos do inconsciente, desvelando os aspectos psíquicos que me foram transmitidos por outras gerações, desfazendo nós e tecendo novas tramas.

A Izelinda Garcia de Barros e a Antônio Sapienza, que, dedicaram seu tempo precioso discutindo comigo este trabalho, ouvindo-me cuidadosamente e estimulando-me a continuar.

A Adélia Bezerra de Meneses, com quem venho descobrindo o mundo da literatura, por sua leitura e sugestões primorosas, graças ao seu dom apaixonante de aprender e de ensinar.

Aos queridos amigos Rogério Coelho de Souza, Maria Thereza Costa Coelho de Souza, Yvette Piha Lehman, Ana Maria Stucchi Vannuchi, Marina Ramalho Miranda, Sandra Regina Moreira de Souza Freitas, José Ottoni Outeiral, Beatriz Helena Peres Stucchi, Joyce Kacelnik e Daniela Sitzer, por todas as discussões e contribuições sempre enriquecedoras.

A Maria do Rosário Brant de Carvalho Itapura de Miranda, minha querida madrinha, também psicóloga, por sua presença afetiva constante e por ter me incentivado e me acompanhado no meu percurso profissional.

Aos meus pais, Euripedes e Maria Lydia Constantino Miguel, com muita gratidão, juntamente com meus avós e familiares, por toda herança transmitida, fonte de inspiração para este trabalho.

E, finalmente, embora desde o início, aos queridos Justo, Marina e João, por terem compartilhado, sempre ao meu lado, pacientes e solidários, o processo doloroso e criativo de elaboração destas idéias.